企业财务风险管理与内部控制

刘 蕾 著

东北林业大学出版社
Northeast Forestry University Press
·哈尔滨·

版权专有　侵权必究

举报电话:0451-82113295

图书在版编目（CIP）数据

企业财务风险管理与内部控制/刘蕾著.-- 哈尔滨:东北林业大学出版社，2024.5

ISBN 978-7-5674-3580-3

Ⅰ.①企... Ⅱ.①刘... Ⅲ.①企业管理—财务管理-风险管理 Ⅳ.①F275

中国国家版本馆CIP数据核字(2024)第110488号

责任编辑：姚大彬
封面设计：郭　婷
出版发行：东北林业大学出版社
　　　　　（哈尔滨市香坊区哈平六道街6号　邮编：150040）
印　　装：北京四海锦诚印刷技术有限公司
开　　本：710mm×1000mm　1/16
印　　张：9.75
字　　数：230千字
版　　次：2025年1月第1版
印　　次：2025年1月第1次印刷
书　　号：ISBN 978-7-5674-3580-3
定　　价：48.00元

如发现印装质量问题，请与出版社联系调换。（电话：0451-82113296　82191620）

前　　言

在当今复杂多变的商业环境中，企业财务风险管理与内部控制的重要性日益凸显。随着市场竞争的加剧和金融市场的波动，企业不仅需要实现盈利最大化，更需要有效管理和控制各类财务风险，以确保经济运行的平稳和可持续性。

企业财务风险管理旨在通过系统性的方法，全面识别、评估和应对可能影响企业经济目标实现的各类风险。这不仅仅包括市场风险、信用风险、汇率风险等常见的财务风险，还需关注企业内部因素，如管理层失误、操作风险等。财务风险管理不仅仅是一种被动的防御手段，更是对企业经营策略和战略的主动反思，以更好地适应不断变化的市场环境。

内部控制则是企业财务风险管理的关键组成部分。它是企业内部建立的一系列制度、政策和程序，旨在提供合理的保证，确保企业的财务报告真实可靠，同时有效防范各种潜在的风险。内部控制体系的建立不仅要考虑企业规模和业务复杂度，还需要充分考虑行业特点和法规环境，以确保其有效性和适应性。

财务风险管理与内部控制的协同作用是确保企业持续经营和发展的重要保障。财务风险管理为企业提供了预防和化解风险的手段，而内部控制则在财务报告的准确性和透明度方面发挥着不可或缺的作用。两者相辅相成，形成了一个协同工作的体系，共同确保企业能够有效地适应变化的商业环境，保持财务健康和可持续性发展。

财务风险管理和内部控制并非僵化的制度，而是需要与企业实际情况相结合的动态过程。随着外部市场和内部环境的不断变化，企业需要不断调整和优化其财务风险管理和内部控制体系，以应对新的挑战和机遇。这需要企业具备灵活性和敏捷性，能够及时作出反应，保持对风险和控制的敏感性。

在未来的商业发展中，财务风险管理与内部控制将继续发挥着关键的作用。随着全球化和数字化的深入发展，企业将面临更加复杂和多样化的风险。因此，不仅需要不断完善现有的财务风险管理和内部控制机制，还需要不断创新和引入新的理念和技术手段，以更好地应对未来的商业挑战。企业需要在稳健和创新之间找到平衡，以确保其在不断变化的商业环境中取得长期的竞争优势。

目　　录

- 第一章　企业财务风险管理的理论基础 …………………………………………（ 1 ）
  - 第一节　企业财务风险的概念与分类 …………………………………………（ 1 ）
  - 第二节　企业财务风险管理的目标与重要性 …………………………………（ 5 ）
  - 第三节　企业财务风险管理的理论模型 ………………………………………（ 9 ）
  - 第四节　国际最佳实践与理论框架 ……………………………………………（ 14 ）
- 第二章　企业财务内部控制的概念与原则 ………………………………………（ 21 ）
  - 第一节　企业财务内部控制的定义与要素 ……………………………………（ 21 ）
  - 第二节　企业财务内部控制的目标与功能 ……………………………………（ 26 ）
  - 第三节　企业财务内部控制的法规与标准 ……………………………………（ 30 ）
  - 第四节　企业财务内部控制的评价与改进 ……………………………………（ 35 ）
- 第三章　企业财务风险识别与评估 ………………………………………………（ 40 ）
  - 第一节　企业财务风险识别的方法与工具 ……………………………………（ 40 ）
  - 第二节　企业财务风险评估的模型与指标 ……………………………………（ 44 ）
  - 第三节　企业财务风险分析与报告 ……………………………………………（ 50 ）
  - 第四节　企业财务风险评估的实际应用 ………………………………………（ 53 ）
- 第四章　企业财务风险管理策略与方法 …………………………………………（ 58 ）
  - 第一节　企业财务风险管理策略的制定 ………………………………………（ 58 ）
  - 第二节　企业财务风险管理方法与工具 ………………………………………（ 63 ）
  - 第三节　企业财务风险转移与保险管理 ………………………………………（ 67 ）
  - 第四节　企业财务风险管理实施与监控 ………………………………………（ 72 ）
- 第五章　企业财务内部控制框架与流程 …………………………………………（ 76 ）
  - 第一节　企业财务内部控制框架的选择与建立 ………………………………（ 76 ）
  - 第二节　企业财务内部控制流程的设计与实施 ………………………………（ 79 ）
  - 第三节　企业财务内部控制的自动化与技术支持 ……………………………（ 84 ）
  - 第四节　企业财务内部控制的监控与持续改进 ………………………………（ 88 ）
- 第六章　内部控制对企业财务风险管理的影响 …………………………………（ 92 ）
  - 第一节　内部控制与风险预防 …………………………………………………（ 92 ）

第二节　内部控制与风险检测……………………………………………（97）
　　第三节　内部控制对风险应对与应急计划的作用………………………（100）
　　第四节　内部控制对财务风险管理的持续改进…………………………（104）

第七章　企业财务内部控制与法律合规……………………………………（110）
　　第一节　企业财务内部控制与法律合规的关系…………………………（110）
　　第二节　法律合规的企业财务内部控制要求……………………………（115）
　　第三节　企业财务内部控制在合规监督中的作用………………………（118）
　　第四节　法律合规与企业财务内部控制的案例分析……………………（122）

第八章　企业财务风险管理与信息技术……………………………………（125）
　　第一节　信息技术在企业财务风险管理中的应用………………………（125）
　　第二节　数据分析与财务风险预测………………………………………（130）
　　第三节　区块链技术在企业财务风险管理中的应用……………………（132）
　　第四节　信息技术与企业财务内部控制的整合…………………………（136）

第九章　企业财务风险管理与内部控制的未来趋势与展望………………（140）
　　第一节　企业财务风险管理与内部控制的未来挑战……………………（140）
　　第二节　技术与社会趋势对企业财务风险管理与内部控制的影响……（143）
　　第三节　未来的企业财务风险管理与内部控制发展方向………………（145）

结束语……………………………………………………………………………（149）
参考文献…………………………………………………………………………（150）

第一章　企业财务风险管理的理论基础

第一节　企业财务风险的概念与分类

一、企业财务风险的概念

（一）财务风险的定义

企业财务风险是指企业在经济运营中面临的不确定性，可能导致财务损失的各种因素和变量。这种风险涵盖了多个方面，包括市场波动、汇率波动、信用风险、利率风险等。企业财务风险源于外部环境的不断变化和内部经营活动的复杂性，对企业的经济健康和稳定经营构成潜在威胁。

市场风险是企业财务风险的一个重要方面，主要包括股票市场、商品市场和利率市场的波动。股票市场波动可能导致企业投资组合价值的变化，从而对财务状况产生重大影响。而商品市场的价格波动则直接影响企业原材料成本和销售价格，给企业盈利能力带来潜在的不确定性。利率市场的波动影响企业的融资成本，尤其是对于高度负债的企业，这可能带来巨大的财务风险。

除了市场风险，企业还面临着信用风险。信用风险涉及企业与供应商、客户、金融机构等相关方的合作关系。供应商的破产或客户的违约可能导致企业损失。金融机构的信用评级下降可能导致企业融资成本上升，进而影响企业的经营活动和财务状况。

外汇风险也是企业财务风险的一个重要方面。企业如果在跨国经营中进行国际贸易，就会涉及到不同货币之间的汇率波动。这种波动可能导致企业在本币计价下的收入和支出发生变化，从而对企业的财务状况产生影响。

利率风险是指企业面临的由于利率变动引起的财务风险。企业的负债结构和融资方式可能使其对利率敏感，尤其是在利率上升的情况下，企业的融资成本可能会上升，增加其财务负担。

企业财务风险是企业在经济运营中无法避免的一种状态。这种风险来自内外多方面因素的综合影响，对企业经济实体的各个方面都可能产生潜在的不良影响。因此，对企业而言，理解和有效管理财务风险至关重要。企业需要通过建立健全的财务风险管理体系，采用科学的方法和工具，以便及时应对各种潜在的风险因素，保障企业财务的稳健和可持续发展。

（二）企业财务风险的原因

1. 宏观经济因素

宏观经济因素与企业财务风险之间存在着密切的关联，这种关系在全球化和市场复杂性的环境中变得愈加显著。宏观经济因素的波动和变化会直接或间接地对企业的财务状况产生深远的影响。以下是探讨这种关系的一些主要原因。

宏观经济因素中的经济周期对企业的财务风险产生重要影响。在经济繁荣时期，企业可能会面临市场需求的迅速增长，但同时也伴随着原材料和劳动力成本的上升。这可能导致企业在短期内面临财务紧张，尤其是对于那些未能灵活调整经营策略的企业而言。相反，在经济衰退时期，企业可能会面临销售收入下降、资产贬值等问题，从而增加了财务风险。

货币政策的调整也是宏观经济因素对企业财务风险的影响的重要组成部分。当中央银行调整利率时，企业的融资成本和债务负担都可能受到影响。高利率环境下，企业可能会面临更高的融资成本，从而增加了偿还债务的难度。货币政策的宽松或紧缩也可能导致汇率波动，对企业的进出口业务和外债造成直接的财务压力。

政府政策和法规的变化也是宏观经济因素对企业财务风险的原因之一。政府的税收政策、贸易政策、劳工法规等直接影响企业的运营成本和税负。政策的变化可能导致企业的财务计划需要进行调整，因而增加了财务风险。

宏观经济中的通货膨胀和通货紧缩也对企业的财务状况产生深远的影响。通货膨胀可能导致成本上升，而企业在调整产品价格方面可能会面临一定的困难。相反，通货紧缩可能导致需求下降，使企业面临销售收入减少的风险。

全球经济的相互依存关系也是宏观经济因素对企业财务风险的原因之一。全球贸易、金融市场的波动和国际政治经济的变化都可能对企业产生直接或间接的财务压力。企业在全球化的背景下，需面对更多复杂多变的外部环境，这使得其财务风险管理变得更为复杂和挑战性。宏观经济因素与企业财务风险之间的联系是一个复杂而多维的关系网络。企业需要全面了解宏观经济环境的变化，以更好地预测和适应外部环境的波动。制定灵活的财务战略和风险管理策略，以降低宏观经济因素对其财务状况带来的负面影响，是企业在不断变化的宏观经济环境中保持竞争力的重要途径。

2. 公司内部因素

企业财务风险的形成是一个复杂而多元的过程，其中公司内部因素在这个过程中起着至关重要的作用。这些内部因素可以分为财务结构、管理层决策、内部控制体系和经营活动等多个方面，共同塑造了企业的财务风险格局。

财务结构是企业内部导致财务风险的重要原因之一。不合理的资本结构、高负债率和融资成本不断上升都可能对企业财务稳健性造成负面影响。当企业长期依赖高杠杆经营，一旦市场环境发生变化，债务压力就会显著增加，使得企业陷入财务危机的风险加大。

管理层的决策行为也是企业财务风险的关键因素。管理层的投资决策、财务策略和盈利预测直接影响企业的财务健康。当管理层缺乏风险意识、盲目扩张或者短视经营时，企业将更容易受到市场波动和竞争压力的冲击，从而增大了财务风险的发生概率。

内部控制体系的不健全也是企业财务风险的重要源头。缺乏有效的内部控制机制容易导致企业财务信息不准确、不及时，增加了投资者和债权人的不确定性，降低了企业的信誉度。内部控制体系的薄弱也容易为内部欺诈和不当操作提供机会，进一步加大了企业的财务风险。

企业的经营活动也直接关系到其财务风险。过度依赖某一业务板块、未能有效应对市场变化、产品质量问题等都可能导致企业经营风险的提升。企业如果缺乏有效的成本控制和资金运营能力，也容易陷入财务紧张局面，增大了财务风险的发生概率。

企业内部因素是形成财务风险的根本原因之一。财务结构、管理层决策、内部控制体系和经营活动等方面的问题都可能在不同程度上影响企业的财务健康，因此，有效的内部管理和控制对于降低企业财务风险至关重要。

二、企业财务风险的分类

（一）外部与内部的财务风险

企业财务风险可分为外部财务风险和内部财务风险两大类别。外部财务风险主要来自企业所处的宏观经济环境、市场环境以及与外部交往的各方，而内部财务风险则源于企业内部运营活动和管理体系。

外部财务风险的分类主要包括市场风险、信用风险、外汇风险和利率风险。

市场风险是企业在市场经济环境中面临的不确定性和波动性的风险。它包括股票市场风险、商品市场风险和利率市场风险。股票市场风险指企业所投资股票价值的不确定性，可能受到市场波动的影响。商品市场风险主要来自原材料和商品价格的波动，直接关系到企业的成本和销售收入。利率市场风险涉及企业负债的利率敏感性，对融资成本和企业财务状况可能造成不利影响。

信用风险涉及到企业与外部合作伙伴（如供应商、客户、金融机构等）的信用关系。供应商的破产或客户的违约可能导致企业面临损失。金融机构信用风险则体现在融资成本的波动和债务偿还的不确定性。

外汇风险是企业在国际贸易和跨国经营中面临的一种风险，主要源自不同货币之间的汇率波动。企业如果未能有效对冲外汇风险，可能导致其本币价值的波动，从而对企业的财务状况产生不利影响。

操作风险是企业在日常运营中可能发生的非预期事件和事故带来的潜在损失风险。这包括生产事故、供应链中断、信息技术故障等。

管理风险涉及企业管理层在决策和执行过程中可能面临的风险。不当的战略决策、管理层层次结构的混乱、领导层变动等都可能导致企业的管理风险。

信息披露风险是企业面临的来自信息披露不准确或不及时可能带来的法律和财务责任。不准确的财务报告、误导性的信息披露可能导致投资者对企业信任度下降，从而带来财务风险。

人为风险是由企业内部员工的行为引起的潜在风险。这包括内部欺诈、腐败、员工不当行为等。这些行为可能导致企业面临财务损失和法律责任。

企业财务风险的分类涵盖了外部和内部两个方面。在全球经济不断变化的环境下，企业需要全面理解并有效管理各种风险，以确保其在市场竞争中的持续稳健发展。

（二）短期与长期的财务风险

企业财务风险是企业在经营活动中面临的不确定性和潜在的损失的可能性。这种风险可以分为短期和长期两个时间维度，分别涉及企业在不同时间尺度下所面临的各类财务挑战。

短期财务风险主要关注企业在较短时间内面临的经济和财务问题。这些风险通常与运营资金管理、流动性问题和短期债务偿还等相关。在短期内，企业可能面临市场需求波动、原材料价格波动、货币汇率波动等因素的影响。短期财务风险还包括了与短期债务、应付账款和库存管理等相关的问题。企业在短期内需要灵活应对这些挑战，确保运营的顺利进行，同时保持充足的流动性以应对突发状况。

长期财务风险则更加注重企业在较长时间内所面临的结构性和系统性的挑战。这种风险涉及到企业长期资本结构、市场地位、行业竞争等方面的问题。长期财务风险的一个重要方面是资本结构风险，即企业长期融资和债务结构所面临的不确定性。企业需要在长期内平衡债务和股权的比例，以降低财务杠杆带来的潜在风险。

宏观经济因素在长期内对企业财务风险的影响也十分显著。长期财务风险包括与通货膨胀、利率、汇率等宏观因素相关的问题。通货膨胀可能导致长期成本的上升，而企业在长期内需考虑如何调整价格和采取对冲策略。利率的变动则对企业长期融资成本和投资收益产生影响，需要企业在长期规划中加以考虑。长期财务风险还包括与国际贸易、全球市场的变化等因素相关的问题，使得企业在长期内需要更为全面地审慎管理这些风险。

在实际经营中，企业财务风险的分类有助于企业更好地理解和应对不同时间尺度和不同方面的风险。综合考虑短期和长期的财务风险，以及市场、信用和操作等多种风险，有助于企业建立更为全面和系统的风险管理体系，以保障企业经济的可持续发展。在财务风险管理中，企业需根据其具体情况，制定灵活的策略和机制，以适应不断变化的外部环境和市场条件，确保企业能够在风险中保持竞争优势。

（三）按影响程度划分的财务风险

企业财务风险是企业在经营活动中面临的不确定性和潜在损失的可能性。按照影响程度的不同，可以将企业财务风险划分为高影响、中等影响和低影响三个主要类别。

高影响的财务风险主要包括市场风险、信用风险和流动性风险。市场风险是由于外部环境的不稳定性导致的，如汇率波动、利率变动等，这可能对企业的盈利能力和财务状况产生深远的影响。信用风险则涉及到与合作伙伴的交易，如客户或供应商违约，可能对企业的收入和支付流程造成严重影响。流动性风险涉及到企业支付能力的问题，如果企业面临资金短缺，可能导致无法按时偿还债务或应付其他负债，从而影响企业正常经营。

中等影响的财务风险主要包括操作风险和政治风险。操作风险涉及到企业内部的流程和系统，如生产、物流、信息系统等，如果这些方面存在漏洞或问题，可能导致损失。政治风险则是由于政治环境的变化，如政府政策调整、国际关系紧张等，可能对企业的经营环境和市场前景带来一定的不确定性。

低影响的财务风险主要包括市场声誉风险和法律风险。市场声誉风险涉及到企业在市场中的形象和口碑，虽然不会直接导致财务损失，但长期来看，市场声誉的损害可能对企业的盈利和市场份额产生负面影响。法律风险涉及到与法律规定和合同履行相关的问题，虽然可能导致企业的一些法律责任，但一般情况下对整体经营的影响较小。

在实际经营中，企业需要综合考虑不同财务风险的影响程度，有针对性地采取相应的风险管理策略。这包括建立完善的风险识别和评估机制，加强内部控制和监督，以及灵活运用金融工具来应对市场波动。通过科学的财务风险管理，企业可以有效降低潜在损失的风险，保持财务的稳健性和可持续性。

第二节 企业财务风险管理的目标与重要性

一、企业财务风险管理的目标

（一）目标的定义

企业财务风险管理的目标是确保企业在复杂多变的经济环境中能够持续经营，实现财务稳健和可持续发展。在这一过程中，财务风险管理致力于识别、评估和应对各种可能对企业财务状况造成不利影响的因素，以最大程度地降低潜在的财务损失。

（二）降低财务损失

1. 制定有效的财务风险管理策略

企业财务风险管理是确保企业在不确定的市场环境中能够有效应对和降低财务风险的关键手段。为了达到这一目标，企业需要制定一系列有效的财务风险管理策略，以保护企业的财务健康、维护股东利益，并确保可持续的经济发展。

企业财务风险管理的目标之一是优化资本结构。通过合理配置债务和股权比例，企业可以降低财务杠杆，减轻财务风险。合理的资本结构有助于平衡企业的融资成本和风险承担，提高企业抗风险的能力。优化资本结构也能够提高企业的信用评级，降低融资成本，为企业未来的发展提供更为稳健的财务基础。

财务风险管理的目标之一是有效应对市场风险。企业面临着市场价格波动、原材料价格波动等多方面的市场风险。为了降低这些风险，企业可以采取多元化经营策略，通过扩大产品线、进军新市场等方式降低对单一市场的依赖。积极采用衍生工具，如期货合约、期权等，进行风险对冲，以应对市场价格的波动。

企业财务风险管理的目标还包括降低信用风险。建立健全的信用风险管理体系，包括严格的客户信用评估、建立信用额度和期限管理制度等，有助于降低企业与客户之间的信用风险。通过多样化的供应商和客户关系，分散风险集中度，有助于缓解一方面的付款风险。

在运营过程中，企业财务风险管理的目标还包括降低操作风险。建立完善的内部控制体系、优化生产流程和采用先进的信息技术，有助于降低企业在运营中出现的潜在操作风险。培训和提升员工的技能水平，加强对关键岗位的监控，也是降低操作风险的有效手段。

财务风险管理还要注重降低宏观经济因素带来的风险。定期进行宏观经济分析，了解宏观经济政策和环境的变化，有助于企业更加敏锐地应对宏观经济的不确定性。因此，制定灵活的财务计划和预算，可以在不同宏观经济环境下更好地适应企业的发展需求。

企业财务风险管理的目标之一是保护股东利益。通过降低财务风险，企业能够保障稳定的盈利水平，提高股东回报率。透明的财务报告和良好的企业治理结构也是维护股东权益的重要手段。企业应当建立健全的内部审计和风险管理团队，确保财务信息的准确、透明和及时披露，从而增强股东对企业的信心。

企业财务风险管理的目标是通过有效的策略和措施，降低各类财务风险，提高企业的经济健康水平和稳定性。在动荡不安的市场环境中，财务风险管理不仅仅是企业的一项任务，更是确保企业可持续发展的战略保障。企业需要根据自身实际情况，结合市场和行业特点，制定科学合理的财务风险管理策略，以更好地应对未来不确定性带来的挑战。

2. 资产与负债的合理匹配

企业财务风险管理的根本目标在于实现资产与负债的合理匹配。资产和负债的合理匹配是企业保持财务健康、稳健运营的基石，也是应对外部环境变化和市场波动的有效手段。

在企业的财务管理中，资产与负债的合理匹配涉及到多个方面。它关乎到企业的流动性管理。通过合理匹配短期和长期资产与负债，企业能够更好地应对短期资金需求，降低流动性风险。对资产和负债的精细匹配还能够提高企业的运营效率，确保资金得以充分利用。

资产与负债的合理匹配对企业的盈利能力具有直接的影响。通过优化负债结构，降低融资成本，企业能够提高盈利水平。合理匹配资产，确保其风险与回报相匹配，有助于优化投资组合，提高资产的收益水平。

资产与负债的合理匹配还与企业的风险管理密切相关。通过对资产负债表的精准管理，企业能够有效降低市场风险、信用风险和流动性风险等财务风险。合理匹配资产与负债能够使企业更为灵活地应对外部环境的变化，降低财务危机的概率。

在实践中，资产与负债的合理匹配需要综合考虑企业的经营周期、行业特点、市场需求等多方面因素。企业需要根据自身的经营情况和战略目标，科学制定资产负债管理策略，确保资产与负债之间的协调与平衡。

资产与负债的合理匹配是企业财务风险管理的核心目标之一。通过确保资产和负债的协调，企业能够提高财务的稳健性和抗风险能力，实现可持续经营的目标。在不断变化的市场环境中，资产与负债的合理匹配将为企业提供坚实的财务基础，使其能够更好地适应和应对外部挑战。

二、企业财务风险管理的重要性

（一）维护财务健康

企业财务风险管理对于维护财务健康具有至关重要的意义。在复杂多变的商业环境中，企业必须面对各种来自内外部的潜在威胁，而有效的财务风险管理成为保障企业经济实体稳健运营的关键因素。

财务风险管理有助于企业应对外部市场波动。市场环境的不确定性和波动性是企业面临的重大挑战之一。通过对市场风险的敏感性分析和有效的对冲策略，企业能够在市场波动的情况下更好地保护自身财务状况。这有助于降低因市场波动而带来的经济损失，确保企业在不稳定的市场环境中依然能够持续运营。

财务风险管理能够优化企业的融资结构，降低资金成本，提高财务效益。对利率风险和外汇风险的科学管理，有助于企业更好地选择合适的融资工具和期限，降低融资成本。这不仅有助于提高企业的盈利能力，还能够增强企业的财务健康。

财务风险管理有助于降低企业的信用风险。通过建立健全的信用风险管理体系，企业可以规避与不信任或不稳定的合作伙伴进行业务往来的风险。稳固的信用风险管理有助于提高企业的信誉，增强市场信任度，从而为企业在市场中的长期发展创造有利条件。

财务风险管理对内部运营的效率和透明度也至关重要。对操作风险和管理风险的有效管理有助于确保企业内部运作的稳定和有序。规范和透明的内部流程可以提高企业内部运营的效率和质量，减少潜在问题的发生。

财务风险管理有助于确保企业合规性。合规性对企业的财务健康至关重要。通过合规性管理，企业可以确保其财务报告的准确性和可靠性，降低法律责任风险，维护企业的声誉和形象。合规性的建立与维护有助于企业建立长期可信赖的商业关系，为未来的经济实体健康发展提供了坚实的基础。

企业财务风险管理的重要性在于它不仅有助于企业在外部市场的波动中保持财务稳健，还能够通过优化融资结构、降低信用风险、提高内部运营效率，以及确保合规性，为企业的长期发展创造良好的财务基础。有效的财务风险管理是企业在动荡的商业环境中保持财务健康的关键战略。

（二）提高决策质量

企业财务风险管理的重要性在于其直接影响着企业的生存和发展。有效的财务风险管理不仅有助于降低潜在的财务损失，还能够提高企业的决策质量，确保企业在竞争激烈的市场中保持战略优势。

财务风险管理对于企业的决策质量至关重要。企业在不同的市场环境和经济形势下，面临着各种不确定性和风险。通过对财务风险的深入分析和有效管理，企业能够更准确地评估自身的财务状况，提高对外部市场变化的应变能力。这有助于企业在制定战略决策时更为明智地考虑各种风险因素，从而提高决策的合理性和有效性。

财务风险管理有助于提高企业对财务数据的准确性和透明度。通过建立健全的内部控制体系，企业能够更好地监控财务流程，确保财务数据的真实可靠。准确的财务数据为企业提供了更为清晰的财务画面，使企业能够更加精准地制定战略规划和决策。

财务风险管理对于提高企业的融资能力和信用评级也具有关键作用。通过有效管理财务风险，企业能够降低融资成本，提高信用评级，从而在融资市场上更容易获取资金支持。具有较高信用评级的企业通常更受投资者和金融机构的青睐，为企业融资提供更多的选择和更有利的条件。

在国际化和全球化的背景下，财务风险管理对于企业在跨国经营中的成功至关重要。汇率波动、国际市场变化等因素带来的风险，直接影响企业在全球市场的竞争力。通过采取有效的财务风险管理策略，企业能够更好地应对不同国家和地区的财务环境差异，降低跨国经营中的不确定性，提高决策的稳健性。

财务风险管理有助于提高企业在供应链中的稳定性。通过降低与供应商和客户之间的信用风险，企业能够确保供应链的稳定运转，避免由于财务问题导致的生产中断或供应链断裂。稳定的供应链有助于提高企业对市场的灵活应对能力，确保产品和服务的及时交付。

财务风险管理对于企业的可持续发展至关重要。在长期经营中，有效的财务风险管理有助于降低企业在面对市场波动和经济周期变化时的脆弱性。通过持续的风险监测和管理，企业能够更好地适应外部环境的变化，确保在各种市场条件下能够保持健康的盈利能力和财务状况。

企业财务风险管理不仅仅是一项风险防范的工作，更是一项提高企业决策质量、保障企业可持续发展的重要战略。通过深入分析市场、建立健全的内部控制体系、优化资本结构等手段，企业能够更好地理解和管理自身的财务风险，从而在激烈的市场竞争中取得优势，保持战略灵活性，实现长期的经济繁荣。

（三）增强企业竞争力

企业财务风险管理的重要性在于增强企业竞争力。在竞争激烈的商业环境中，企业财务风险管理不仅仅是一种合规性的要求，更是保障企业长期健康发展和在市场竞争中取得优势地位的必然选择。

财务风险管理有助于提高企业的抗风险能力。在复杂多变的市场环境中，企业难免面临各种外部和内部的财务风险，如市场波动、信用风险、流动性风险等。通过有效的财务风险管理，企业能够提前识别、评估和控制这些风险，从而降低遭受财务损失的可能性，增强对不确定性的抵御力。

　　财务风险管理有助于优化企业的资本结构和降低融资成本。通过合理规划和配置资产负债，企业可以实现资本的高效利用，减少不必要的负债，优化融资结构，从而降低融资成本。这有助于提高企业的盈利水平，增加竞争力。

　　财务风险管理有助于加强企业的内部管理和决策水平。通过建立健全的内部控制体系，企业可以及时发现和纠正财务问题，提高决策的准确性和迅速性。这有助于企业更好地应对市场的变化，提高灵活性，增加在市场竞争中的应变能力。

　　财务风险管理对于提升企业的信誉和声誉也具有重要作用。当企业能够稳健经营、有效控制财务风险时，会赢得投资者、客户和合作伙伴的信任。这不仅有助于维护企业的品牌形象，还有助于扩大市场份额，提升企业在行业中的地位。

　　财务风险管理有助于实现企业战略目标。通过科学有效的财务风险管理，企业能够更好地支持战略投资、拓展市场，实现可持续发展。财务风险管理将企业的财务战略与业务战略相衔接，使其更具竞争力和长期稳定性。

　　企业财务风险管理是企业竞争力提升的重要手段。它不仅能够降低风险，提高效率，还能够促进内外部资源的优化配置，为企业在市场竞争中取得持久优势提供坚实的财务基础。只有通过全面、科学、灵活的财务风险管理，企业才能更好地应对市场的不确定性，实现可持续发展。

第三节　企业财务风险管理的理论模型

一、企业财务风险管理理论模型的基础

（一）理论模型的概述

　　理论模型是企业财务风险管理的基础，它构建在深厚的理论基础之上，为企业提供了系统性、科学性的方法论，以应对复杂多变的财务风险。企业财务风险管理理论模型的基础包括多个方面，其中涵盖了对市场风险、信用风险、外汇风险和利率风险等多种风险的综合管理。

　　市场风险理论模型是企业财务风险管理的核心之一。这一理论模型关注市场环境中的各种不确定性和波动性，通过建立对市场风险的敏感性分析，帮助企业识别潜在的市场风险因素。在市场风险理论模型中，企业会考虑股票市场、商品市场和利率市场的波动，以及这些波动对企业财务状况的潜在影响。通过合理运用金融衍生品和对冲工具，企业能够更好地管理市场风险，确保在市场波动中仍能够保持财务稳健。

信用风险理论模型是企业财务风险管理的另一个关键组成部分。这一理论模型致力于识别、评估和管理与供应商、客户、金融机构等相关方的信用关系。信用风险理论模型的核心在于量化和衡量潜在违约的可能性，并采取相应措施来保护企业免受信用风险的影响。

外汇风险理论模型着眼于企业在国际贸易和跨国经营中面临的汇率波动。这一理论模型通过分析不同货币之间的汇率变化，帮助企业理解和管理外汇风险。企业在制定战略决策时，会考虑不同货币对本币价值的影响，并采取有效对冲措施，以规避由于汇率波动而导致的财务损失。

利率风险理论模型是企业财务风险管理中不可或缺的一环。这一理论模型关注企业在融资活动中可能面临的由于利率变动引起的财务风险。通过对企业负债结构和融资工具的敏感性分析，企业可以更好地选择适当的融资方式和期限，以降低融资成本，提高财务效益。

（二）风险识别与评估

1. 风险识别的方法与工具

企业财务风险管理的核心在于风险的识别与有效的控制。风险识别的方法与工具以及财务风险管理的理论模型构成了企业科学而全面的风险管理体系。

风险识别的方法涵盖了多个维度，其中一项关键工具是风险矩阵。通过构建风险矩阵，企业能够将各类风险按照其可能性和影响程度进行分类，从而确定哪些风险需要更为紧急地处理。这种直观而系统的方式有助于企业全面了解其面临的风险，为针对性的管理提供基础。

另一种常用的风险识别方法是 SWOT 分析。SWOT 分析结合了企业内部的优势和劣势，以及外部的机会和威胁，有助于在更宏观的层面上识别潜在的财务风险。通过对企业现状和外部环境的综合分析，SWOT 分析提供了更为综合的视角，为制定整体性的财务风险管理策略提供指导。

敏感性分析也是一项有力的风险识别工具。通过对关键变量进行不同程度的变动，企业可以评估这些变动对企业财务状况的影响。敏感性分析有助于识别企业在不同市场条件下的脆弱性，帮助企业更好地预测和应对不同的市场情境。

在理论模型的基础上，企业财务风险管理需要建立在坚实的理论框架之上。一种重要的理论模型是"价值-at-Risk"（VaR）模型。VaR 模型通过概率统计的方法，测量企业在一定置信水平下可能面临的最大损失。这种模型可以帮助企业定量地评估各类风险，包括市场风险、信用风险等，为企业的决策提供数据支持。

另一个重要的理论模型是 CAPM（Capital Asset Pricing Model）模型。该模型通过评估资本市场的风险和回报关系，为企业的投资决策提供了理论基础。CAPM 模型有助于企业了解投资项目的风险收益特征，以更好地选择适合自身的投资组合，降低不必要的财务风险。

企业还需要关注流动性风险管理模型。流动性风险直接关系到企业短期偿债能力，是财务风险管理中不可忽视的一环。通过建立流动性风险管理模型，企业可以更好地规划资金需求、提前应对可能的流动性危机，保障企业短期的经营稳健。

企业还需考虑操作风险管理模型。操作风险涉及到企业内部流程、系统和人为因素，可能对企业造成重大损失。通过建立有效的操作风险管理模型，企业可以全面了解运营中可能存在的问题，通过加强内部控制和培训人员，最大程度地减少潜在的操作风险。

在实际运作中，风险识别的方法与工具以及理论模型的选择需要根据企业的规模、行业特点和市场环境的不同而灵活应变。一个综合而系统的财务风险管理体系需要结合多种方法，确保企业能够全面、科学地识别和管理潜在的财务风险，提高企业的决策质量和经济稳定性。

2. 风险评估模型的建立

企业财务风险管理理论模型的建立离不开科学有效的风险评估模型。这一模型是企业财务决策的基础，为企业识别、测度和管理财务风险提供了理论支持。

风险评估模型的建立需要考虑财务风险的多元性。财务风险不仅包括市场风险、信用风险、流动性风险等传统风险，还涉及到企业内部控制、财务报告的准确性等方面的风险。因此，风险评估模型应该能够全面系统地考虑这些多元因素，确保企业面对的风险得到全面的评估。

风险评估模型需要具备灵活性和适应性。由于市场环境的变化和企业自身特点的不同，财务风险的性质和程度也会发生变化。因此，风险评估模型应该能够灵活调整，及时反映市场的动态变化，以适应不同阶段和条件下的财务风险管理需要。

在建立风险评估模型时，还需要充分考虑风险的相互关联性。财务风险往往不是孤立存在的，不同风险之间可能存在关联和相互影响。风险评估模型应该能够在考虑单一风险的综合考虑不同风险之间的关系，确保评估的全面性和准确性。

风险评估模型需要具备合理的量化方法。通过量化风险，可以更直观、准确地把握风险的大小和影响程度，为企业提供明确的决策参考。量化方法还有助于建立风险管理的标准和流程，提高财务决策的科学性和规范性。

在风险评估模型的基础上，企业财务风险管理理论模型得以构建。这一理论模型应该充分考虑企业的战略目标和业务特点，将风险管理与企业价值创造相结合。理论模型需要能够体现企业整体风险管理的层次结构，包括战略层面的风险管理、业务层面的风险管理以及操作层面的风险管理。

财务风险管理理论模型还应该强调企业内部风险文化的建设。企业内部风险文化是指员工对于风险的认知和处理方式，它对于风险管理的有效性有着重要的影响。理论模型应该包括促进风险文化的建设，强调风险意识的培养和风险管理的全员参与。

企业财务风险管理理论模型的基础是科学有效的风险评估模型。这一评估模型需要全面考虑财务风险的多元性，具备灵活性和适应性，充分考虑风险的相互关联性，并采用合理的量化方法。在此基础上，企业财务风险管理理论模型才能够更好地支持企业决策，提升竞争力，实现可持续发展。

二、企业财务风险管理模型的实施与优化

（一）模型实施

企业财务风险管理模型的实施与优化是财务决策领域的关键环节，它直接影响到企业在复杂多变的市场环境中如何科学应对各种财务风险。实施财务风险管理模型涉及到组织结构、流程设计、信息系统建设等多方面的内容，而优化则需要不断适应市场变化和内部需求，以保持模型的有效性和可持续性。

财务风险管理模型的实施需要建立一个明确的组织结构。在组织结构中，应设立专门的财务风险管理团队，其成员具备深厚的财务和风险管理专业知识。这个团队的职责包括模型的设计、实施、监测和报告。要确保财务风险管理团队与其他相关部门的紧密协作，以确保整个企业在风险管理方面的一体化运作。

模型实施需要合理设计流程，确保信息的畅通和决策的高效。建立财务风险管理的流程，包括风险识别、风险评估、风险控制、风险监测等环节。在风险识别阶段，团队需要全面了解外部市场和内部运营，明确可能面临的各类风险。在风险评估阶段，要运用先进的数学模型和统计方法对风险进行量化和评估。在风险控制阶段，要制定具体的对冲策略和管理措施。在风险监测阶段，要建立实时监控系统，及时发现并应对潜在风险。流程的合理设计能够确保财务风险管理模型在实施过程中更为顺畅和高效。

建立信息系统是财务风险管理模型实施的重要一环。信息系统的建设涉及到数据采集、处理、分析和报告等多个环节。确保信息系统能够及时、准确地收集和处理大量的财务和市场数据，有助于模型的准确性和可靠性。信息系统应当具备高度的自动化和智能化水平，以降低人为错误的发生，并保证决策的及时性。信息系统的安全性也是不可忽视的因素，要确保敏感财务信息的安全性和保密性。

在模型实施后，企业需要不断进行优化和调整，以适应市场的变化和内部运营的需要。要建立有效的反馈机制，通过监测实施效果，收集实际业务中的经验教训，及时调整模型中的参数和策略。要根据市场的发展和企业战略的变化，对财务风险管理模型进行灵活调整，确保其在不同环境下的适应性。要借鉴业界最佳实践和最新的研究成果，不断更新和升级模型，保持其前沿性和领先性。

企业需要建立学习型组织文化，促使团队不断提升财务风险管理模型的实施水平。通过培训和知识分享，将最新的理论和实践经验传递给团队成员，使其具备更高的专业素养。学习型组织文化能够激发团队的创新意识，促进不断改进和优化财务风险管理模型的过程。

企业财务风险管理模型的实施与优化是一个复杂而长期的过程。通过建立明确的组织结构、合理设计流程、建设信息系统，以及不断进行反馈和学习，企业能够更好地应对市

(二) 监测与调整

监测与调整企业财务风险管理模型的实施与优化是确保企业持续适应变化的市场和经济环境的关键步骤。这一过程需要细致入微的观察、灵活的调整和不断的学习，以确保财务风险管理模型在实践中能够保持有效性和适应性。

监测财务风险管理模型的实施涉及到对各项财务数据的持续监控。通过建立高效的数据收集和分析系统，企业能够实时追踪市场价格、货币汇率、利率等关键变量的波动，及时感知潜在的财务风险。这有助于企业迅速做出反应，减轻潜在的负面影响。

监测过程中还需要关注市场和行业的动态。市场和行业的变化可能直接或间接地对企业的财务状况产生影响。定期进行市场调研、行业分析，了解潜在的市场趋势和竞争格局的变化，有助于企业更早地发现可能的财务风险，从而采取相应的风险管理措施。

企业还需关注宏观经济环境的变化。国家政策、货币政策、通货膨胀率等宏观经济指标的波动都可能对企业产生深远的影响。通过监测这些宏观经济因素，企业能够更好地预测潜在的财务风险，及时调整财务战略，以适应变化的经济环境。

在监测的基础上，调整企业财务风险管理模型是确保其实施的持续有效性的关键一环。调整的首要任务是根据监测结果和新的市场信息，对模型中的风险参数进行修订。这可能涉及到重新评估风险的可能性和影响，调整相关的阈值和限制，以更准确地反映当前的风险状况。

调整还需要针对不同类型的财务风险采取差异化的策略。例如，在面临市场风险时，可以考虑通过期货合约、期权等工具进行风险对冲；而在面临信用风险时，可以通过优化客户信用评估和建立信用担保机制来加以应对。通过对不同风险的差异化调整，企业能够更有针对性地应对潜在的威胁。

调整还需要注重内外部因素的协同。内部因素如企业的组织结构、人员素质等，需要与财务风险管理模型保持协同。培训和提升员工的财务风险意识，建立健全的内部控制机制，有助于提高财务风险管理模型的实施效果。与外部专业机构和咨询公司的合作也是调整的有效手段，借助外部力量提供独立的评估和建议，进一步提升财务风险管理的水平。

实施完善的财务风险管理模型需要建立反馈机制。通过定期的评估和审查，企业能够对已实施的模型进行回顾和总结，发现模型在实践中的不足和问题。这有助于企业在不断的学习和积累中，不断完善财务风险管理模型，提高其对多变市场环境的适应性。

监测与调整企业财务风险管理模型的实施与优化是财务战略中不可或缺的环节。通过持续的监测，企业能够更敏锐地察觉潜在的财务风险；通过及时的调整，企业能够更有效地应对多变的市场环境。这一过程是一个不断学习、不断优化的循环，为企业建立稳健的财务风险管理体系提供了坚实的基础。

(三) 模型的优化与改进

企业财务风险管理模型的实施是一个动态过程，其成功不仅依赖于模型的建立，更需要不断进行优化与改进。这是因为市场环境、企业战略和财务风险本身都是变化的，只有不断调整和完善财务风险管理模型，才能更好地适应不同时期和条件下的财务挑战。

实施企业财务风险管理模型需要注重数据的质量和及时性。财务风险管理的有效性依赖于准确的数据支持。企业应当建立健全的数据采集、处理和分析系统，确保所用数据的准确性、完整性和及时性。只有基于真实可靠的数据，企业才能更精准地识别和评估财务风险，制定相应的风险管理策略。

实施企业财务风险管理模型需要强调跨部门的协同和沟通。财务风险涉及到多个层面和方面，涵盖了企业的战略、运营、财务等多个部门。为确保模型的全面性和一体化，各部门需要形成紧密的协作机制，共同参与财务风险管理的实施与优化。跨部门的协同有助于全面了解企业风险状况，避免信息孤岛，提升风险管理的综合效果。

在模型的实施中，还需要重视风险识别和评估的灵活性。企业财务风险管理模型应该具备足够的灵活性，能够在不同情境下对风险进行及时、准确地识别和评估。这需要建立灵活的模型框架和相应的调整机制，以适应不同条件下的风险管理需求。

企业在模型实施中需要强调学习与改进的文化。财务风险管理是一个动态的过程，只有不断学习和改进，才能应对复杂多变的市场环境。企业应鼓励员工参与培训，了解最新的财务风险管理理论和工具，并将其融入到企业的实际运营中。通过不断学习和改进，企业可以更好地适应市场的需求，提升财务风险管理的水平。

企业财务风险管理模型的实施与优化需要强调绩效评价和反馈。通过建立有效的绩效评价机制，企业能够及时了解财务风险管理的实际效果，并根据评价结果进行相应的优化和改进。绩效评价应该不仅关注模型的执行情况，还要关注模型对企业整体战略目标的支持程度，以确保财务风险管理能够真正服务于企业的长期发展。

企业财务风险管理模型的实施与优化是一个系统性的工程，需要全面考虑数据质量、跨部门协同、灵活的识别与评估、学习与改进的文化以及绩效评价与反馈机制。只有通过不断完善和优化，企业才能在面对复杂多变的市场环境中更好地实现财务风险管理的有效性和可持续性。

第四节 国际最佳实践与理论框架

一、企业财务风险管理的国际最佳实践

（一）国际最佳实践的概述

企业财务风险管理的国际最佳实践是全球范围内成功企业在面对财务不确定性时的经验总结和有效管理策略的体现。这些最佳实践不仅为企业提供了行业标准，也为全球财务专业人士提供了指导方针，有助于企业更好地应对复杂多变的市场环境，确保财务健康和可持续发展。

国际最佳实践强调全面的风险识别和评估。在财务风险管理的初期阶段，企业应该通过深入的市场分析和内部运营审查，全面了解可能对企业产生影响的各类风险。这包括市场风险、信用风险、外汇风险和利率风险等多个方面。通过建立系统性的风险评估模型，企业可以量化潜在风险的影响程度，有助于科学地制定相应的风险管理策略。

强调有效的风险控制和对冲策略。国际最佳实践倡导企业在面对各类财务风险时，要建立多样化和灵活的风险控制措施。这包括但不限于使用金融衍生品、期货合约、货币互换等工具，以及通过多元化投资组合来分散风险。对冲策略的选择应当根据企业的实际情况、业务模式和市场环境进行合理调整，以最大程度地减少潜在的损失。

注重信息系统和技术支持。在国际最佳实践中，高效的信息系统和先进的技术支持是保障财务风险管理成功的关键。企业应当建设具有高度自动化和智能化水平的信息系统，能够及时、准确地收集和处理大量的财务和市场数据。

国际最佳实践着眼于强化企业内部的风险文化和团队素养。企业内部应该树立风险管理的文化，使所有员工都能够理解、认同和积极参与风险管理的过程。国际最佳实践强调企业要积极参与全球化的合作和信息分享。面对全球化的市场和经济，企业需要积极与同行业企业、金融机构以及国际性的财务组织进行合作。共享信息、经验和最佳实践有助于企业更好地理解市场的脉搏，及时获取全球最新的财务信息，提高应对风险的能力。

国际最佳实践鼓励企业建立有效的监测和反馈机制。企业应该建立定期的风险监控系统，通过实时数据和绩效指标的分析，及时发现潜在风险并采取相应的应对措施。建立有效的反馈机制，对实施效果进行评估，不断优化和改进财务风险管理模型。

国际最佳实践为企业提供了一系列科学有效的财务风险管理方法和策略。通过全面的风险识别和评估、有效的风险控制和对冲策略、先进的信息系统和技术支持、强化企业风险文化和团队素养、积极参与全球合作和信息分享，以及建立有效的监测和反馈机制，企业能够更好地适应全球市场的动态变化，保持财务健康和可持续发展。

（二）国际风险管理标准

1. 国际金融风险管理协会（IFRMA）的贡献

国际金融风险管理协会（IFRMA）作为一个在国际金融领域发挥重要作用的组织，为企业财务风险管理的国际最佳实践做出了显著的贡献。IFRMA通过制定行业标准、提供培训和研究支持等方式，促进了企业对于全球金融风险的更深层次理解和更有效的管理。

IFRMA的首要贡献之一是为企业提供了全球化视野。通过汇聚来自世界各地的专业机构、金融机构和从业人员，IFRMA为企业提供了一个全球性的平台，使得企业可以更全面地了解和应对全球范围内的金融风险。IFRMA的国际会议、研讨会等活动成为企业了解国际金融市场和风险管理趋势的窗口，帮助企业更好地适应全球化背景下的金融环境。

IFRMA制定的行业标准成为企业财务风险管理的参考依据。通过研究和总结金融市场的最佳实践，IFRMA制定了一系列的标准和指南，旨在帮助企业建立更为科学、规范和有效的财务风险管理体系。这些标准涵盖了市场风险、信用风险、操作风险等多个方面，为企业提供了系统性的风险管理框架。

IFRMA 还在培训和教育方面做出了积极贡献。通过举办各类培训课程、研讨会和论坛，IFRMA 为金融从业人员提供了一个学习和交流的平台。这有助于提升从业人员的专业素养，使其更好地理解和应对财务风险管理的挑战。培训的开展也推动了国际间的经验共享，促使企业在风险管理实践中取得更多的启示。

IFRMA 通过对金融工具和衍生品的研究，为企业提供了更灵活和高效的金融工具。对于企业而言，通过灵活运用金融工具，可以更好地进行风险对冲，降低市场波动对企业经营的影响。IFRMA 的研究不仅推动了金融工具的创新，也为企业提供了更多的选择，使其能够更精准地应对不同类型的财务风险。

IFRMA 在风险模型和风险评估方面的研究贡献巨大。通过深入研究不同类型的风险，IFRMA 帮助企业更准确地识别、衡量和管理各类财务风险。对于风险模型的研究使得企业能够更科学地应对金融市场的不确定性，提高财务决策的精准度和可靠性。

IFRMA 对于危机管理和应急预案的研究，为企业在面对金融危机和市场动荡时提供了宝贵的经验。通过总结历史上的金融危机案例，IFRMA 为企业提供了危机管理的指导原则和应对策略。这有助于企业在危机来临时迅速做出反应，最大程度地减少潜在的损失。

IFRMA 还在信息共享和合作方面做出了努力。通过建立国际性的网络和合作机制，IFRMA 促使各个国家和地区的金融机构和从业人员进行信息共享，共同面对全球化背景下的金融挑战。这种全球性的合作促进了国际金融风险管理经验的传播，使得企业能够更好地借鉴和吸取国际最佳实践。

国际金融风险管理协会（IFRMA）在促进企业财务风险管理的国际最佳实践方面发挥着不可替代的作用。通过提供国际视野、制定行业标准、开展培训和研究、推动金融工具创新、深入研究风险模型、危机管理经验的总结以及促进国际合作等方式，IFRMA 为企业在全球化背景下更好地理解和管理财务风险提供了强有力的支持和指导。企业应当积极参与 IFRMA 的活动，借鉴其经验，不断提升财务风险管理的水平，以适应日益复杂和多变的国际金融环境。

2. 国际标准化组织（ISO）财务风险管理标准

国际标准化组织（ISO）财务风险管理标准是企业在全球范围内实现财务风险管理最佳实践的指导原则。这一标准，即 ISO 31000，提供了一个通用的框架，帮助企业更好地识别、评估和应对财务风险。其国际性和通用性使其成为企业财务风险管理的权威标杆，为企业实施最佳财务风险管理提供了参考。

ISO 31000 强调全面性的风险管理。这一标准鼓励企业将风险管理整合到其组织文化和管理体系中，使其成为企业决策和经营的一部分。这有助于确保财务风险管理不是一个孤立的过程，而是贯穿整个企业运营的一个全面、连续的环节。通过将风险管理纳入企业整体管理框架，企业能够更好地理解和应对财务风险的多样性和相互关联性。

ISO 31000 强调风险管理的适应性和灵活性。这一标准认识到财务风险是一个不断变化的过程,因此,企业财务风险管理模型需要具备适应不同条件和时期的能力。标准鼓励企业建立动态的风险管理机制,及时调整风险管理策略,确保其能够有效适应市场的快速变化和风险的不断演变。

ISO 31000 注重风险管理的全员参与。这一标准强调风险管理不仅仅是高层管理层的责任,而是需要所有员工共同参与的过程。通过建立全员风险意识,企业能够更好地发挥集体智慧,及时发现和应对潜在的财务风险。这有助于提高企业在财务风险管理中的敏感性和反应速度。

ISO 31000 推崇风险管理的透明度和信息共享。标准鼓励企业建立健全的风险信息传递和共享机制,确保相关信息能够迅速传递到各级管理层,为决策提供准确的基础。透明的风险信息流通有助于形成共识,提高对财务风险的认知度,从而更好地制定和实施相应的风险管理措施。

ISO 31000 强调风险管理的持续性和不断改进。这一标准认为风险管理是一个动态过程,需要不断学习和改进。企业应当建立健全的风险管理绩效评价机制,及时了解财务风险管理的实际效果,从中汲取经验教训,不断优化风险管理模型,以提高其适应性和有效性。

国际标准化组织(ISO)财务风险管理标准(ISO 31000)为企业提供了一套科学、国际通用的财务风险管理指导原则。通过强调全面性、适应性、全员参与、透明度和不断改进,该标准为企业财务风险管理提供了一个科学、系统的框架,为实现最佳财务风险管理提供了有力支持。企业在实施财务风险管理时,可以借鉴 ISO 31000 的理念和方法,提升财务风险管理的水平,更好地适应国际化、全球化的经济环境。

二、企业财务风险管理的理论框架

(一)财务风险管理的理论模型回顾

企业财务风险管理的理论框架是一个综合性、系统性的模型,它为企业在复杂多变的商业环境中科学应对各类财务风险提供了理论支持和决策指导。这一理论框架融合了市场风险、信用风险、外汇风险和利率风险等多个方面的要素,构建了一套科学而全面的财务风险管理方法。

理论框架明确了风险识别与评估的重要性。企业财务风险管理的起点在于对各类潜在风险因素的全面识别和深入评估。市场风险方面,理论框架通过对宏观经济、行业环境和市场趋势的分析,识别出可能对企业经营活动产生影响的因素。信用风险方面,理论框架强调建立全面的信用风险评估模型,对涉及方的信用状况进行科学评估。外汇风险和利率风险方面,理论框架要求企业全面了解国际市场和利率趋势,以便制定相应的对冲策略。通过风险识别与评估,企业能够有针对性地制定财务风险管理的战略方案,为后续的决策提供科学依据。

理论框架注重风险控制与对冲策略的建立。在面对各类财务风险时,企业需要通过多样化的风险控制手段和对冲策略来降低潜在的财务损失。市场风险控制方面，企业可以通过使用金融衍生品、期货合约等工具来对冲市场波动。外汇和利率风险方面，企业要建立灵活多样的对冲策略，通过合理运用货币互换、远期合同等工具，降低外汇和利率波动对企业经营的不利影响。理论框架的这一方面确保企业在面对不同类型的财务风险时具有灵活性和针对性。

理论框架明确了信息系统和技术支持的重要性。在实施财务风险管理模型时，理论框架强调建设具有高度自动化和智能化水平的信息系统。这一信息系统需要能够及时、准确地收集和处理大量的财务和市场数据，为企业提供全面的信息支持。先进的技术支持能够提供更精准的风险分析和预测，帮助企业更好地应对市场的动态变化。信息系统和技术支持的完善有助于提高企业对财务风险的监测和应对能力。

理论框架强调建立积极的风险文化和团队素养。在团队培训方面，财务专业人员需要具备广泛的知识背景，深入了解市场运作、法规法律、信息技术等多个领域，以更全面地应对财务风险。理论框架通过注重文化建设和团队素养，确保企业内部形成一支高效协同、具备专业素养的团队。

理论框架鼓励企业积极参与全球化的合作和信息分享。理论框架的这一方面使企业能够更好地适应全球市场的动态变化。

理论框架强调建立有效的监测和反馈机制。财务风险管理不是一次性的任务，而是需要持续不断的监测和调整。

企业财务风险管理的理论框架是一个综合性、系统性的模型，为企业在面对财务不确定性时提供了全面的理论指导。通过明确风险识别与评估、强调风险控制与对冲策略、注重信息系统和技术支持、建立积极的风险文化和团队素养、鼓励全球合作和信息分享，以及建立有效的监测和反馈机制，理论框架使企业能够更好地适应复杂多变的市场环境，确保财务健康和可持续发展。

（二）跨国公司的特殊财务风险

跨国公司面临着特殊的财务风险，这主要源于其全球化经营的复杂性和涉及多个国家和地区的不同法律、经济、政治环境。企业财务风险管理的理论框架在这一背景下需要更加灵活和全面，以适应跨国公司独特的挑战。

跨国公司需要关注汇率风险。由于经营跨足多个国家，涉及多种货币，跨国公司面临着不同国家货币汇率波动带来的财务不确定性。财务风险管理的理论框架应该包括对汇率风险的深入分析，通过制定有效的汇率对冲策略，降低货币波动对企业盈利和财务状况的冲击。

法律和合规风险是跨国公司面临的另一个重要财务风险。由于不同国家的法律体系和合规要求存在差异，跨国公司需要确保其经营活动符合各国的法规，避免可能的法律纠纷和罚款。财务风险管理的理论框架应包括对法律和合规风险的全面评估，建立健全的法务团队和合规体系，确保企业在全球范围内经营合法合规。

在跨国公司的理论框架中，政治风险也是一个不可忽视的因素。不同国家的政治环境变化可能对企业经营带来风险，如政府政策的调整、国际关系的变化等。跨国公司需要通过政治风险评估和政府关系管理，降低政治因素对企业财务状况的不确定性。

跨国公司还需要面对市场风险。不同国家和地区的市场条件、消费习惯、竞争格局存在较大差异，企业在全球范围内运营需要灵活的市场策略。财务风险管理的理论框架应该包括对不同市场的深入了解，通过市场调研和分析，调整销售策略和产品组合，以适应不同市场的需求和变化。

跨国公司在全球供应链中面临着供应链风险。由于涉及多个国家的供应商和合作伙伴，全球供应链的不稳定性可能对生产和供应链流程造成影响。财务风险管理的理论框架应该考虑供应链的稳定性，通过建立供应链风险管理体系，降低因供应链问题而导致的财务损失。

跨国公司在理论框架中需要考虑文化差异带来的管理风险。不同国家和地区的文化背景、商业习惯存在差异，跨国公司需要建立跨文化的管理团队和战略，以确保企业能够在全球范围内顺利运营。

在应对跨国公司特殊财务风险时，财务风险管理的理论框架需要结合全球化视野，形成具有全局性的战略。这包括全球化的市场调研和定位、全球化的法务和合规体系、全球化的供应链和生产网络等。理论框架还需要强调灵活性，使企业能够快速应对不同国家和地区的变化和挑战。

财务风险管理的理论框架在跨国公司的情境下应更注重多元因素的整合和协同。通过全球化视野、风险评估和管理、文化差异的考虑，财务风险管理能够更好地为跨国公司提供指导和支持，使其在全球化竞争中取得可持续的成功。

（三）理论框架的未来发展

未来企业财务风险管理的理论框架将呈现多元化和综合性的发展趋势。理论框架将更加注重跨学科的整合。财务风险涉及到经济、金融、统计学等多个学科领域，未来的理论框架将更加强调这些学科之间的交叉融合。通过整合不同领域的知识，形成更为全面、综合的理论体系，以更好地应对财务风险的多层次、多维度的挑战。

未来理论框架将更加关注技术创新的应用。随着科技的不断进步，人工智能、大数据、区块链等新技术的发展将为财务风险管理提供更多可能性。未来的理论框架将更加强调这些技术在财务风险识别、评估和管理中的应用，以提高效率、准确性和实时性。技术创新将成为理论框架的一个重要驱动力。

未来的理论框架将更加注重全球化的视野。随着全球经济的一体化，企业面临的财务风险不再局限于本国范围，而是涉及到国际市场、跨国合作等多个层面。未来的理论框架将更加注重全球财务风险的理论体系构建，强调国际化视野下的风险管理策略和方法。

未来的理论框架将更加强调可持续发展的理念。企业财务风险管理不仅仅关乎短期经济效益，更应考虑到对企业长期可持续发展的支持。理论框架将更加强调在风险管理中考虑社会、环境和治理等方面的因素，以实现经济、社会和环境的协同发展。

未来的理论框架还将更加注重企业内部文化和制度的建设。企业内部的文化和制度对于财务风险的产生和管理有着深远的影响。未来的理论框架将更加强调企业文化、内部控制和治理结构的重要性，以建立有利于财务风险管理的内部环境。

总体来看，未来企业财务风险管理的理论框架将是一个多元、综合、技术化和全球化的体系。通过跨学科整合、技术创新的应用、全球化的视野、可持续发展的理念以及对企业内部文化和制度的关注，未来的理论框架将更好地引导企业应对日益复杂和多变的财务风险挑战。这样的理论框架将有助于企业在全球化、数字化时代更为有效地管理财务风险，促进企业的可持续发展。

第二章　企业财务内部控制的概念与原则

第一节　企业财务内部控制的定义与要素

一、企业财务内部控制的定义

（一）内部控制的概念

企业财务内部控制是一种旨在保障财务信息可靠性、合规性和资产安全的系统性、有组织的管理手段。这一概念涵盖了企业在日常运营中建立的一系列政策、程序和机制，以确保财务报告的准确性、可靠性，并防范潜在的欺诈和错误。财务内部控制旨在促使企业达到经济效益、合规性要求和财务透明度的平衡。

企业财务内部控制的核心目标是确保财务信息的可靠性。这包括财务报告的准确性、及时性和真实性。财务信息是企业管理和外部利益相关方做出决策的基础，因此，确保这些信息的可靠性对于企业的正常运营和发展至关重要。财务内部控制的定义还包括确保合规性的重要性。这种合规性不仅是对外宣告企业的道德诚信，也是维护企业稳健经营和可持续发展的关键。

企业财务内部控制旨在保护企业资产的安全性。财务内部控制通过建立完善的资产管理制度、内部审计程序和风险评估机制，防范潜在的资产丢失、盗窃或损坏，确保企业资产的安全和完整。

企业财务内部控制还致力于优化经济效益。通过合理设置内部控制程序，企业可以提高业务效率，减少资源浪费，优化财务流程，从而达到经济效益的最大化。这包括制定合理的成本控制策略、设立有效的成本核算机制和建立经济效益评估体系，以确保企业在经济层面的可持续发展。

企业财务内部控制的定义体现了其在维护财务信息可靠性、合规性和资产安全方面的全面性和系统性。通过建立合理的核算体系、内部审计机制、财务报告程序、合规性框架、资产管理制度等手段，企业能够有效管理财务风险，确保财务信息的准确性和透明度，维护企业声誉和利益，促使企业在市场竞争中保持竞争优势，达到经济效益和合规性的有机统一。

(二) 财务内部控制的范畴

1. 财务内部控制的定义与范围

财务内部控制是指企业在达成财务目标的过程中，通过内部组织、制度和程序等手段，有效防范和管理潜在风险，确保财务信息的准确性、完整性、可靠性，以及资产的有效使用和保护的一系列措施和机制。它旨在保障企业的财务报告的真实性，防范财务失误、舞弊和不当行为，为企业的稳健经营和可持续发展提供可靠的财务基础。

财务内部控制的范围涵盖了企业的方方面面，其中包括财务报告、资产管理、风险管理、合规性等多个方面。

财务内部控制主要关注财务报告的准确性。企业需要确保其财务报表真实、可靠、准确地反映了企业的财务状况和经营成果。这涉及到会计政策的合理性、会计估计的准确性、财务报表的披露透明度等多个方面。财务内部控制通过建立会计制度、财务核算程序、内部审计等机制，确保财务报表的编制符合相关法规和会计准则，提高其可靠性。

资产管理是财务内部控制的重要内容之一。企业在日常运营中通过合理的资产管理，确保资产的有效使用和保护。这包括了对固定资产、流动资产的管理，对资产的盘点和评估，以及建立预算和成本控制等手段，以提高资产的经济效益和保障企业的稳健经营。

财务内部控制还涉及到风险管理。企业在经营中面临着各种风险，包括市场风险、信用风险、流动性风险等。财务内部控制通过建立风险评估和监测机制，制定风险防范和对策，以减少风险对企业财务状况的不利影响。这包括对金融市场的监控、对信用风险的评估、对企业流动性的预测等方面的控制措施。

合规性也是财务内部控制的重要方面。企业需要确保其财务活动符合相关法规和法律规定。财务内部控制通过建立合规性审计、内部合规性检查等机制，监督企业的经营活动是否符合法规要求，预防潜在的法律风险。

财务内部控制的范围还包括了信息技术系统的安全性和有效性。随着信息技术的发展，企业的财务信息系统起到越来越重要的作用。财务内部控制通过建立信息技术安全政策、系统审计、数据备份等手段，确保财务信息系统的可靠性，防范潜在的信息泄漏、篡改和损毁风险。

财务内部控制是企业内部自我管理和监督的一个系统，其范围涵盖了财务报告、资产管理、风险管理、合规性和信息技术系统等多个方面。通过建立完善的内部控制机制，企业能够更好地应对外部和内部的各种风险，保障财务信息的准确性和企业的可持续发展。

2. 财务内部控制与财务报告的关联

财务内部控制是企业管理层为达到财务报告的可靠性目标所设计、实施和维护的一种系统性过程。这一过程旨在有效管理企业的财务活动，确保财务报告的准确性、完整性和及时性，同时防范和减轻与财务报告相关的潜在风险。

财务内部控制的核心目标是保护企业资产，确保财务报告的真实可靠。财务内部控制通过设立明确的财务责任和权限，防范不当操作和滥用职权的风险。它通过建立有效的会计记录和报告机制，确保财务信息的准确性和完整性。这一系统性过程涉及到企业内部各个环节，包括财务部门、内部审计、管理层等，通过各自的职能配合，形成一个互补、协调的财务内部控制网络。

财务内部控制与财务报告之间存在密切关联。财务内部控制直接影响了财务报告的质量。通过建立有效的内部控制机制，企业能够及时发现并纠正潜在的错误和不准确之处，确保财务报告的真实可靠。财务报告是财务内部控制的输出结果。财务内部控制通过规范化财务信息的采集、处理和报告流程，确保了最终的财务报告符合相关法规和会计准则的要求。

财务内部控制的定义包含了一系列的要素。它涉及到企业内部的各种制度和程序，包括会计制度、报告程序、审计程序等。这些制度和程序构成了财务内部控制的框架，为实现财务报告的可靠性提供了有力支持。财务内部控制强调企业管理层对于财务报告的责任。管理层需要设计和实施合适的内部控制措施，确保企业的财务报告符合法规和准则的要求。再次，财务内部控制侧重于风险管理。通过识别、评估和控制可能影响财务报告的风险，企业能够降低发生错误或欺诈的概率，提高财务报告的可信度。

财务内部控制是企业管理体系中的一个关键组成部分，与财务报告有着密切的关联。它通过系统性的设计和实施，保障了企业的财务报告的真实性、准确性和及时性。这一过程不仅为企业提供了有效的风险管理工具，也为外部利益相关方提供了可信赖的财务信息，有助于企业的稳健经营和可持续发展。

二、企业财务内部控制的要素

（一）控制环境

企业财务内部控制的要素之一是控制环境。控制环境是指企业内部的整体氛围和文化，它对内部控制的有效性和可持续性产生深远的影响。这一要素涉及到管理层的道德标准、价值观、沟通渠道、人员素质等多个方面，构成了内部控制体系的基础和核心。

控制环境的建立需要强调管理层的诚信和道德标准。管理层在企业内部控制中担负着领导和示范的角色，其道德水平直接影响到整个组织的控制环境。诚信的管理层能够树立正面的企业文化，促使员工遵循道德规范，加强对内部控制的信任和认同。通过设立行为准则、推崇诚实守信的价值观，企业能够建立一个有利于内部控制的良好控制环境。

控制环境强调员工的素质和专业能力。具备高素质和专业能力的员工能够更好地理解和执行内部控制的要求，提高控制的效果。管理层应当重视员工的培训和教育，确保他们了解内部控制的目标、程序和重要性。通过建立良好的培训体系，培养员工对内部控制的积极态度和高度责任感，以增强整体的控制环境。

控制环境强调开放的沟通渠道。在一个开放和透明的沟通环境中，员工更容易了解企业的目标和战略，从而更好地理解内部控制的意义。管理层应当建立起顺畅的沟通机制，鼓励员工提出问题、提供意见，并确保信息传递的透明度。通过开放的沟通渠道，企业能够更及时地发现潜在的风险和问题，有助于内部控制的及时调整和改进。

控制环境还涉及到对内部控制的监督和评估。管理层应当建立有效的监督机制，对内部控制的执行情况进行定期检查和评估。通过建立独立的审计委员会、内部审计部门等机构，对内部控制进行独立的监督和评估，提高内部控制的可靠性。管理层还需要关注内部控制的实施效果，及时调整和改进控制环境，确保其符合企业的实际运营需要。

企业财务内部控制的要素之一——控制环境，是企业内部控制体系的基础和核心。它涉及到管理层的道德标准、员工的素质和专业能力、沟通渠道的开放性以及对内部控制的监督和评估。通过强调诚信和道德标准、培养员工的素质和专业能力、建立开放的沟通渠道以及实施有效的监督机制，企业能够构建一个有利于内部控制的健康控制环境。这有助于确保内部控制的有效性，提高财务报告的可靠性，从而保障企业的长期健康发展。

（二）风险评估

企业财务内部控制的风险评估是确保企业财务稳健运作的重要环节。这一过程旨在深入了解和评估财务内部控制体系中的各种风险要素，以识别潜在威胁、减缓潜在损失，提高内部控制体系的有效性。风险评估的关键在于全面、系统地审视各个要素，包括制度设计、人员素质、信息技术系统、内部审计等多个方面。

制度设计是风险评估的核心要素之一。企业内部控制的制度设计直接关系到控制措施的有效性。制度设计的不完善可能导致流程混乱、责任不明、漏洞百出。在风险评估中，需要对制度设计进行全面审查，包括内部审批流程、报告体系、信息披露规定等方面，以保障财务内部控制体系的规范和合理。

人员素质是财务内部控制的关键要素。员工的专业水平和职业操守直接关系到内部控制体系的质量。在风险评估中，需要对员工的培训水平、工作经验、职责分工等进行全面考察，以确保人员能够胜任其岗位，并且具备对潜在风险的敏感性和应对能力。

信息技术系统也是风险评估不可忽视的要素之一。随着信息技术的广泛应用，企业的财务活动离不开信息系统的支持。在风险评估中，需要对信息技术系统的安全性、完整性、可靠性进行全面检视，防范潜在的信息泄露、篡改和服务中断风险，以确保财务信息的准确性和保密性。

内部审计在财务内部控制中扮演着监督和检查的角色，因此也是风险评估的要素之一。内部审计需要独立、客观地评估企业内部控制体系的有效性，并发现潜在的漏洞和问题。在风险评估中，需要对内部审计程序和结果进行审查，确保其独立性和客观性，以提高内部控制的可靠性。

风险评估还需要考察企业的风险意识和文化氛围。企业的风险文化直接关系到员工对潜在风险的敏感度和应对能力。在风险评估中，需要对企业的风险文化进行评估，包括领导层对风险的重视程度、员工对风险的认知水平等，以建立积极的风险文化，增强企业的风险防范和应对能力。

除了以上要素，风险评估还需要考虑外部环境的因素，如宏观经济状况、法规政策变化等。这些外部因素可能对企业的财务内部控制产生潜在的影响,因此在风险评估中需要对外部环境的动态进行监测和分析,及时调整内部控制体系以适应外部变化。

在进行风险评估时,需要注重全面性和系统性,不仅关注单一方面的要素,更要考虑这些要素之间的相互关系和影响。综合考量制度设计、人员素质、信息技术系统、内部审计等多个要素,以全面、科学的视角审视企业的财务内部控制体系,提高其对潜在风险的防范和管理水平。通过深入的风险评估,企业能够更好地把握内部控制体系的薄弱环节,加强防范,为企业的稳健经营提供更有力的保障。

(三) 信息与沟通

信息与沟通是构成企业财务内部控制的重要因素之一,对于确保企业财务报告的真实可靠具有关键性的作用。

信息在财务内部控制中扮演着重要的角色。信息的质量直接影响到内部控制的有效性。在财务内部控制的框架中,信息的获取、处理和传递是一个持续的过程。准确、及时、完整的信息有助于企业更好地识别和评估潜在的风险,确保财务报告的准确性和可靠性。信息系统的建设和完善是财务内部控制中的一个重要方面,它涉及到数据采集、处理、存储和报告等多个环节,确保这些环节的信息流畅、准确、可控,有助于支持内部控制的正常运行。

沟通是信息传递和交流的关键环节。在财务内部控制中,不同部门和层级之间需要保持良好的沟通机制,以确保信息的流通和共享。沟通不仅仅是简单的信息传递,更是一种有效的信息共享和理解的过程。通过建立畅通的沟通渠道,管理层能够更好地了解基层员工的实际情况,及时发现潜在问题。员工也能够更好地理解管理层的战略决策,有助于形成共同的风险意识,共同维护企业的财务内部控制。

信息和沟通在财务内部控制中相辅相成。信息是沟通的基础,而沟通则是信息传递和共享的手段。信息的传递需要通过沟通来实现,而沟通的效果又依赖于信息的准确性和清晰性。因此,企业需要在财务内部控制中注重信息和沟通的整合。这既包括内部信息的畅通传递,也包括对外部信息的准确获取和及时应用。

信息和沟通还需要考虑到外部环境的影响。企业在进行财务内部控制时,需要了解外部市场的变化、法规的更新等因素,及时调整信息传递和沟通的方式,以适应外部环境的变化。信息和沟通的敏感性和适应性是企业财务内部控制的重要特征,有助于企业更好地应对外部风险和挑战。

信息与沟通是构成企业财务内部控制的不可或缺的要素。它们在内部控制框架中相互交织、相互依赖,共同构建了一个有机的体系,为企业提供了有效的风险管理和决策支持。在企业需要更加注重信息和沟通的整合,提高信息的质量和沟通的效果,以更好地实现财务内部控制的目标。

第二节 企业财务内部控制的目标与功能

一、企业财务内部控制的目标

(一) 内部控制目标的基本概念

企业财务内部控制的目标是建立一个全面、有序、高效的管理体系，以确保财务信息的准确性、合规性和安全性，从而支持企业的经济健康和可持续发展。这些目标涵盖了财务内部控制体系在不同层面上的要求，体现了其在企业管理和运营中的关键作用。

财务内部控制的目标之一是确保财务报告的准确性。准确的财务报告是企业经营的基础，对于内外部利益相关方做出明智决策至关重要。财务内部控制通过建立科学的财务核算体系，确保会计政策的合理性和一致性，规范财务报告程序，以及通过内部审计机制等手段，保障财务信息的真实、完整、准确地反映企业的经济状况和经营成果。

合规性是财务内部控制的另一个重要目标。企业需要遵守各种法规、法律和行业规范，以维护企业的声誉和避免法律责任。财务内部控制通过建立合适的合规性框架，确保企业的财务活动和报告符合相关法规和规定。这包括建立合规性检查机制、培训员工了解合规要求、及时调整合规性策略等，以维护企业的法律地位和社会责任。

财务内部控制的目标还包括保护企业资产的安全性。资产是企业价值的重要组成部分，其安全性直接关系到企业的经济利益和可持续发展。财务内部控制的目标之一是优化经济效益。

财务内部控制的目标还涉及到对企业风险的有效管理。财务内部控制通过建立风险评估体系、制定相应的风险管理策略、建立灵活的对冲机制等手段，有助于企业及时发现、评估和应对各类风险，保障企业的可持续经营。

企业财务内部控制的目标涵盖了财务报告准确性、合规性、资产安全性、经济效益的优化和风险的有效管理等多个方面。通过确保这些目标的达成，财务内部控制体系能够更好地支持企业的经济健康和可持续发展，为企业的长期成功奠定坚实的基础。

(二) 财务内部控制目标

1. 财务内部控制对财务报告的保障

财务内部控制在企业管理中的目标主要体现在对财务报告的保障方面。这一目标的实现旨在确保财务信息的可靠性、真实性、及时性，为企业的决策提供准确的财务基础。以下是财务内部控制在保障财务报告方面的关键目标。

首要目标在于确保财务报告的准确性。财务报告作为企业对外披露的主要信息渠道，必须反映出企业真实的财务状况和经营成果。财务内部控制的目标之一就是建立有效的会计制度和核算体系，通过内部审计、信息系统的监控等手段，防范会计错误和舞弊行为，确保财务报告的准确性。

财务内部控制的目标是保障财务报告的完整性。完整的财务报告应该包括所有必要的财务信息，不得有任何遗漏或掩盖。财务内部控制通过建立完善的财务核算程序和内部审计机制，对企业的财务信息进行全面审查，杜绝虚假陈述、漏报等情况，确保财务报告的完整性。

财务内部控制的目标还包括保障财务报告的合规性。企业的财务报告必须符合相关的法规和会计准则，以确保企业的财务活动合法合规。另一个重要的目标是确保财务报告的及时性。及时的财务信息对企业的决策非常关键，因此财务内部控制的目标之一是建立高效的财务报告体系，确保财务信息能够及时准确地传递给相关利益方。内部控制通过提高财务流程的效率，减少操作时间，确保财务报告的及时性，为企业提供迅速而准确的决策支持。

财务内部控制还要保障财务报告的保密性。企业的财务信息通常包含敏感性较高的商业机密，为防范信息泄露风险，财务内部控制的目标之一是建立信息技术系统的安全性控制和制度规定，确保只有授权人员能够访问和处理财务信息，保障财务报告的保密性。

财务内部控制的目标还包括防范潜在的风险。企业在财务报告过程中面临多种潜在风险，如会计错误、舞弊行为、系统故障等。财务内部控制通过建立风险评估和监测机制，及时发现潜在风险，采取有效措施进行防范和处理，以确保财务报告的稳健性。

财务内部控制的目标主要集中在保障财务报告的准确性、完整性、合规性、及时性、保密性和稳健性等方面。通过建立有效的会计制度、内部审计体系、信息技术系统和风险管理机制，财务内部控制能够有效地降低财务报告的风险，提高其可信度和有效性，为企业提供稳固的财务基础，支持企业的可持续发展。

2. 资产保护与风险管理的目标

资产保护是企业财务内部控制的一个重要目标，旨在确保企业的资产受到有效的管理和保护，防范潜在的风险和损失。

资产保护的目标在于确保资产的安全性。企业拥有各类资产，包括但不限于现金、设备、知识产权等。这些资产对于企业的正常运营和发展至关重要。因此，资产保护的首要目标是通过建立安全的存储、使用和管理机制，防范资产遭受损失或损害。

资产保护的目标是减轻潜在的财务风险。企业在经营过程中面临各种风险，包括市场风险、信用风险、操作风险等。这些风险可能导致资产贬值、损失或灾难性的后果。通过建立有效的资产保护机制，企业可以降低财务风险的发生概率，保障资产的相对安全。

资产保护的目标还涉及到确保企业的业务连续性。资产的安全和稳定运作直接关系到企业的业务正常运营。资产的丧失或损害可能导致业务中断，影响生产和服务的持续提供。因此，资产保护旨在通过建立健全的内部控制机制，确保企业能够应对各种潜在的干扰和破坏，保持业务的连续性

在实现资产保护的过程中，风险管理成为不可或缺的一部分。风险管理的目标是全面、系统地识别、评估和应对各类潜在风险，以降低风险带来的负面影响。企业财务内部

控制中的风险管理旨在对资产保护目标进行深入而全面的考量，确保企业能够适应不同的市场环境和经济情况。

风险管理有助于提高对外部风险的敏感性。通过对市场、经济、政策等方面的风险进行深入分析和监测，企业能够更早地发现外部环境的变化，从而及时调整内部控制措施，降低外部风险对资产的影响。

风险管理有助于减轻内部风险的潜在危害。企业内部存在着一系列的运营和管理风险，如员工失职、业务流程风险等。通过建立健全的内部控制机制，企业可以更好地管理和规避这些内部风险，保护资产的安全和完整。

风险管理还有助于提高企业对未来不确定性的应对能力。在不断变化的市场和经济环境中，企业面临着诸多不确定性因素。通过风险管理，企业可以更好地预测可能发生的变化，制定相应的战略和计划，确保资产在不确定性中的相对安全性。

企业财务内部控制的目标之一是资产保护，旨在确保企业资产的安全、完整和稳定运作。在实现这一目标的过程中，风险管理成为一种重要的手段，有助于全面、系统地识别和应对各类潜在风险，提高企业对外部和内部环境变化的适应性，保障资产的相对安全性。

二、企业财务内部控制的功能

（一）风险管理与预防

企业财务内部控制的功能在于全面管理和防范各类财务风险，以保障财务信息的准确性、合规性和安全性，支持企业的经济健康和可持续发展。这一功能体现在风险管理与预防两个方面，通过建立系统性、有组织的内部控制体系，使企业能够更好地应对复杂多变的商业环境。

财务内部控制的功能之一是风险管理。风险管理旨在通过建立风险识别、评估和控制的机制，使企业能够更全面地了解和管理潜在的不确定性。在风险识别阶段，企业需要通过对市场、经济环境和行业趋势的分析，辨识可能对业务产生负面影响的因素。在风险评估阶段，企业要对已识别的风险进行定量或定性的评估，以确定其影响程度和可能性。在风险控制阶段，企业需要制定相应的风险管理策略，通过建立风险控制措施、使用金融衍生品、制定业务流程等方式，降低风险的影响。这种系统性的风险管理机制有助于企业更好地应对市场变化和外部环境的不确定性，保障企业的经济稳健和可持续发展。

财务内部控制的功能还包括风险的预防。预防是在风险出现之前采取措施，以最大程度地降低其发生概率或影响程度。在这企业财务内部控制的功能体现在建立预防机制和制定预防策略。在预防机制方面，企业需要通过建立合理的业务流程、设立审批制度、实施内部审计等手段，防范各类潜在的风险隐患。预防机制的建立需要充分考虑企业特定的经营环境和行业特性，以确保其切实可行。在预防策略方面，企业需要根据已知的风险因素，制定相应的控制策略和操作规程，以规避潜在风险的发生。这种前瞻性的预防策略有助于企业更早地发现和应对潜在的财务风险，减少损失和不确定性。

除了风险管理与预防外，财务内部控制的功能还涉及到对企业整体经营状况的监测和评估。企业需要通过建立有效的监测机制，对财务信息的生成、报告和披露过程进行实时监控。通过建立内部审计机制，对企业财务活动进行独立的、全面的审计，评估内部控制的有效性，发现潜在问题并提供改进建议。这种监测和评估机制有助于及时发现财务异常和潜在风险，为企业的决策提供准确的财务信息支持，保障财务报告的可靠性和合规性。

（二）资产保护

企业财务内部控制的一个重要功能是资产保护。资产作为企业的核心资源，包括现金、存货、固定资产等，对企业的经营和发展至关重要。财务内部控制通过一系列措施和机制，旨在防范潜在的风险和威胁，确保企业的资产得到充分的保护。

财务内部控制通过建立健全的会计制度和核算体系，实现对资产的精确记录和监管。会计制度的规范性和合理性有助于提高对资产的掌控度，确保企业能够清晰地了解自身资产的构成和规模。核算体系的有效性能够帮助企业更加精准地把握资产的动向，提前识别潜在问题，为资产保护提供有力支持。

财务内部控制的功能在于建立完善的存货管理体系。存货作为企业的重要资产之一，其安全和有效管理对企业的生产和销售至关重要。财务内部控制通过制定严格的库存管理政策、建立实时的库存监测机制，确保存货的及时调拨、安全储存，防范因盗窃、损耗等原因导致的资产损失。

财务内部控制通过建立有效的内部审计机制，对资产的使用和流转过程进行监督和检查。内部审计能够及时发现潜在的资产风险和问题，确保企业的各项资产活动符合规定和制度要求。通过对内部审计结果的分析，企业能够及时调整管理策略，降低资产风险，提高资产的保护水平。

财务内部控制的功能还在于加强对资产的审批和授权管理。通过建立规范的审批流程和权限分配，企业可以确保对资产的使用和处置过程有明确的权限和责任人。合理的审批制度有助于避免滥用职权、减少人为失误，提高对资产的有效保护。

信息技术系统的安全性也是财务内部控制保护资产的重要方面。随着信息技术的广泛应用，企业的财务活动大量依赖于电子化系统。财务内部控制通过建立信息系统安全控制机制，包括权限管理、数据加密、网络安全等方面，确保资产信息的保密性和完整性，预防因系统漏洞或攻击导致的资产损失。

财务内部控制通过建立风险管理机制，对潜在的资产风险进行全面评估和预防。风险管理机制包括对市场风险、信用风险、操作风险等的评估，通过制定相应的对策和预案，提前应对潜在威胁，降低资产损失的概率和程度。

资产保护是企业财务内部控制的重要功能之一。通过建立健全的会计制度、存货管理体系、内部审计机制、审批和授权管理、信息技术系统安全控制以及风险管理机制等多方面的措施，财务内部控制能够有效防范潜在的风险和威胁，确保企业的各项资产得到充分的保护，为企业的可持续经营提供有力支持。

（三）财务报告的可靠性

财务报告的可靠性是企业财务内部控制的一个核心功能，它涵盖了多个层面，旨在确保企业财务信息的真实性、准确性和完整性，以支持经营决策、满足法规要求，并维护投资者信任。

财务内部控制通过规范财务信息的采集、处理和报告过程，以提高财务报告的可靠性。在信息采集阶段，财务内部控制要求确保源头数据的准确性和完整性，通过建立严格的数据验证和记录机制，避免错误或遗漏。在信息处理过程中，财务内部控制需要确保会计政策的一致性和正确性，防范任何潜在的错误和误导性的信息。在报告阶段，财务内部控制强调财务报告的真实性，防范任何可能导致误导的信息，保障投资者和其他利益相关方能够获得准确可信的财务信息。

财务内部控制通过建立有效的会计制度和报告机制，确保财务信息的及时性。及时的财务信息对于企业管理层和投资者来说至关重要，它有助于及时了解企业的财务状况和经营绩效，从而更好地制定经营策略和投资决策。财务内部控制通过确保财务信息的及时采集、处理和报告，降低信息滞后和延误的风险，提高财务报告的时效性。

财务内部控制在维护财务报告的可靠性方面强调合规性。企业财务报告不仅需要满足国家和行业的法规要求，还需要符合相关的会计准则和规范。财务内部控制要求企业建立健全的内部审计机制，确保财务报告符合法规和会计准则的要求。通过对内部控制的合规性检查，企业能够降低因法规违规而带来的财务风险，增强财务报告的可靠性和合法性。

财务内部控制在维护财务报告可靠性方面还注重内部人员的操守和道德规范。财务内部控制要求企业建立健全的内部审计和监督机制，以防范内部人员的欺诈行为和不当操作。通过确保内部人员的操守和道德规范，财务内部控制有助于提升内部人员对财务报告可靠性的责任感和敬业精神，降低因内部人员行为导致的风险。

财务报告的可靠性是企业财务内部控制的核心功能之一。通过规范财务信息的采集、处理和报告过程，确保及时性和合规性，以及强调内部人员的操守和道德规范，财务内部控制为财务报告提供了全方位的保障。这有助于维护投资者信任，满足法规要求，支持企业的健康发展。

第三节　企业财务内部控制的法规与标准

一、企业财务内部控制的法规

（一）法规概述

企业财务内部控制的法规是指在国家法律框架下，制定和实施与企业财务活动相关的规范和要求的法律文件。这些法规旨在规范企业的财务行为，保障财务信息的真实性、准确性和可靠性，维护市场秩序和社会稳定。企业需要遵循这些法规，建立符合法律规定的内部控制体系，以履行法定义务、降低风险，确保财务报告的合规性和可靠性。

企业财务内部控制的法规涵盖了会计法和财务法。会计法作为基础性法规，规范了企业会计制度的建立和实施。会计法明确了财务报告的编制要求、会计政策的制定和变更程序、会计核算的基本规则等，为企业提供了财务信息的编制和呈报基础。财务法则更侧重于规范企业的财务活动，包括对资产、负债、权益的管理，以及利润分配等方面的规定。企业需要根据会计法和财务法的要求，建立完善的会计体系，保障财务信息的规范、真实和准确。

证券法和公司法是企业财务内部控制法规中的重要组成部分。证券法规范了上市公司的财务信息披露和内部控制要求。上市公司需要遵守证券法的规定，及时披露财务信息，确保信息的真实、完整、及时。公司法则从公司治理的角度规定了公司内部控制的一系列制度，包括董事会的职责、股东权益的保护、公司内部审计等，以维护公司内部秩序和股东权益。

税法和审计法也是企业财务内部控制法规中不可忽视的一部分。税法规定了企业的税收义务和纳税申报程序，企业需要建立健全的税务内部控制机制，确保纳税的合规性和公平性。审计法规定了企业接受审计的程序和要求，企业需要积极配合内外部审计，建立内部审计体系，确保审计的独立性和真实性。

除此之外，金融法和反腐败法律也对企业财务内部控制提出了一系列要求。金融法规范了金融机构和企业的财务活动，要求建立完备的内部风险管理和控制机制。反腐败法律规定了企业反腐败的法律责任和程序，要求企业建立零容忍的反腐机制，确保企业经营的廉洁和合规。

企业财务内部控制的法规是企业在法治社会中开展经济活动的法定规范和要求。企业需要全面了解并遵守相关法规，建立合规的内部控制体系，确保财务信息的真实性和合规性。企业还需不断关注法规的变化，及时调整和完善内部控制机制，以适应复杂多变的法律环境，保障企业的经济稳健和可持续发展。

（二）法规对企业的影响

1. 法规遵守的重要性

企业财务内部控制中法规遵守的重要性不可忽视。法规遵守是企业稳健经营的基石，对财务内部控制产生深远的影响。在财务内部控制中，强调合规性的原则不仅能够降低法律风险，还能够建立健全的治理体系，确保企业运作在合法合规的轨道上。

财务内部控制中法规遵守的重要性表现在保障财务报告的真实性和可靠性。合规的财务活动是保障财务报告准确性的前提。财务内部控制通过制定符合相关法规和会计准则的内部审计程序和核算规范，确保企业的财务信息能够真实、客观地反映企业的财务状况和经营成果。

法规遵守有助于防范潜在的法律风险。合规性审计通过对法规遵守情况的检查，及时发现潜在的法律风险，采取相应的对策和预防措施，降低法律诉讼和罚款的风险，确保企业的经营活动在法律框架内合法合规。

法规遵守对企业的信誉和声誉具有重要保障作用。在市场竞争激烈的环境下，企业的良好声誉和信誉是取得客户信任、维护市场份额的关键因素。财务内部控制通过合规性审计，能够确保企业的财务活动不违法乱纪，建立企业的良好形象，提升企业在市场中的竞争力。

法规遵守有助于防范腐败风险。财务内部控制需要加强对财务活动的监督，防范潜在的腐败行为。建立明确的审批流程、制定反腐败规范和行为准则，通过内部审计和监控，确保企业内部人员不利用职权进行违法腐败活动，提升企业的廉洁形象。

法规遵守还有助于提高对税收风险的防范。企业作为纳税主体，财务内部控制需要确保企业的税务活动合法合规。通过建立税收风险评估机制，监测税收政策的变化，确保企业的财务活动符合税收法规，避免因税收问题而导致的财务损失和法律责任。

法规遵守有助于建立健全的治理体系。财务内部控制通过强调法规遵守，能够推动企业建立健全的治理结构和内部控制体系。合规性审计和法规合规性检查为企业提供了对内部控制有效性的检验，有助于提高企业的管理水平和决策效果，形成科学规范的内部管理机制。

企业财务内部控制中法规遵守的重要性体现在多个方面，包括确保财务报告的真实性、防范法律风险、维护企业信誉、防范腐败风险、提高对税收风险的防范以及建立健全的治理体系。通过严格遵守相关法规和法律规定，企业能够更好地防范潜在的风险，提升内部控制的有效性，为企业的可持续经营提供有力的法制支持。

2. 法规对企业治理的推动

法规在企业治理方面发挥着重要的推动作用，而企业财务内部控制的法规体系是确保企业合规运营、保障财务信息真实可靠的关键组成部分。

法规对企业治理的推动体现在其强调企业透明度和信息披露的要求上。法规要求企业对其经营状况、财务状况等关键信息进行全面、真实、及时地披露，以保障投资者和其他利益相关方的知情权。企业治理中的财务内部控制应当紧密配合这一要求，确保财务信息的真实性和准确性，以满足法规对信息披露的要求。

法规对企业治理提出了对内部审计的要求。法规要求企业建立健全的内部审计机制，以检查和评估企业内部控制的有效性，发现并防范潜在的风险和问题。企业财务内部控制作为内部审计的核心内容之一，应当能够满足法规对内部审计的合规性和有效性的要求，确保企业内部控制符合法规规定的标准。

法规要求企业建立独立的董事会，并强调独立董事在企业治理中的重要作用。企业董事会应当对企业的财务报告负有监督责任，确保报告的真实性和准确性。企业财务内部控制在这一背景下应当配合董事会的监督，确保董事会能够充分了解企业的财务状况，提高决策的科学性和准确性。

法规要求企业建立风险管理体系，对可能对企业经营产生重大影响的风险进行识别、评估和控制。企业财务内部控制的法规要求在风险管理方面有明确的制度和程序，以确保企业能够有效地应对各类风险，保障财务信息的安全和稳定。

在国际化的背景下，法规对企业治理提出了更高的要求，企业财务内部控制应当能够适应国际财务报告准则和国际审计准则的要求，提高企业在国际市场的透明度和竞争力。

法规对企业治理的推动体现在对企业透明度、信息披露、内部审计、董事会监督、风险管理等方面的要求。企业财务内部控制在法规体系中扮演着关键的角色，应当能够有效地配合法规的要求，确保企业的合规运营和财务信息的真实可靠，维护投资者信任，提高企业治理的质量和水平。

二、企业财务内部控制的标准

（一）国际内部控制标准

国际内部控制标准是为了促使企业建立健全的内部控制体系，保障财务信息的准确性、合规性和安全性而设立的一系列准则和规范。这些标准由国际上权威的专业机构或组织发布，旨在为企业提供全球通用的内部控制框架和指导，以适应全球化经济环境，提高企业治理水平，增强企业经营的透明度和可靠性。

国际内部控制标准的核心框架主要包括"控制环境""风险评估""控制活动""信息与沟通"以及"监控活动"等五个主要要素。这一框架体系强调了全面性和系统性，企业需要在这五个方面建立完备的内部控制机制。控制环境关注企业内部文化和氛围，要求建立正面的组织文化，强调领导层的责任和诚信。风险评估强调对企业面临的各类风险进行全面的识别和评估，并采取相应的风险管理措施。控制活动要求企业在关键业务流程中设立有效的控制措施，以确保业务目标的达成。信息与沟通要求建立顺畅的信息流和有效的沟通机制，以确保信息的准确传递和共享。监控活动强调对内部控制体系的监督和评估，要求建立有效的监控机制，及时发现和纠正潜在问题。

国际内部控制标准对各个产业和行业都具有普适性，可以适用于不同类型和规模的企业。这种灵活性使得国际标准能够适应不同国家、文化和经济体制的企业，为企业提供通用性的内部控制指导。国际内部控制标准强调了持续改进的理念，要求企业不断优化内部控制体系，适应市场和经济的变化，提高企业内部控制的有效性和适应性。

国际内部控制标准还注重了内部控制的整合性。这一整合性体现在要求企业将内部控制纳入到整体企业治理框架中，与战略规划、业务流程、风险管理等方面相互关联，形成一个有机的整体。这有助于确保内部控制不仅是一个独立的体系，更是与企业战略和目标相一致的，为企业的长期发展提供支持。

国际内部控制标准是为了推动企业在全球范围内建立和完善内部控制体系而设立的一套全球通用的规范和指导。这些标准强调了控制环境、风险评估、控制活动、信息与沟通以及监控活动等五个主要要素，具有普适性和灵活性，适用于不同类型和规模的企业。通过整合内部控制到企业治理框架中，国际标准为企业提供了全面而有效的内部控制指导，有助于提升企业治理水平，增强企业的竞争力和可持续发展能力。

（二）国家层面的内部控制标准

企业财务内部控制的标准在国家层面是确保企业经营活动合法合规、财务信息真实可靠的基石。国家层面的内部控制标准体系通常是由相关政府机构或监管机构制定和发布的，旨在规范企业内部控制的设计、实施和运行，以促进企业健康发展、保护投资者权益和维护市场秩序。以下是探讨企业财务内部控制标准的关键方面。

财务内部控制的标准应明确企业内部控制体系的设计原则。这包括建立明确的组织结构、职责分工和授权机制，确保企业内部控制的有效性和高效性。标准应对内部控制体系的设计要求进行具体细化，以保障企业内部组织结构的合理性和透明度。

标准应明确财务内部控制的实施程序和方法。这涉及到企业如何制定和实施内部控制政策、流程、程序和制度。标准需要规定内部审计的频率、范围和方法，以及内部控制评估的标准和程序。这有助于确保企业内部控制体系的全面性、科学性和实效性。

标准应强调信息技术系统在内部控制中的作用。随着信息技术的飞速发展，企业财务活动日益依赖于电子化系统。标准应明确对信息技术系统的安全性和可靠性的要求，包括数据保护、网络安全、身份认证等方面。这有助于确保企业财务信息的完整性和机密性。

财务内部控制标准还需要明确风险管理的原则和程序。企业面临各种潜在风险，如市场风险、信用风险、操作风险等。标准应规定企业应建立风险评估机制，对各类风险进行全面、科学的评估，采取相应的风险防范和控制措施，以确保企业在风险面前能够稳健运营。

标准还应规范内部控制的监督和评估机制。企业需要建立独立、客观的内部审计机构，对内部控制体系的有效性进行监督和检查。标准应规定内部审计的程序和频率，并强调内部审计机构的独立性和专业性，以确保审计结果的真实性和客观性。

财务内部控制标准还需明确对内部控制的不断优化和改进的要求。企业的内部控制体系应具有动态适应性，能够随着外部环境和内部变化的发展而不断优化和改进。标准应规定企业建立内部控制体系的反馈机制，及时调整和改进内部控制体系，以适应企业经营的新变化。

财务内部控制标准还应注重企业的社会责任和透明度。标准需要规定企业应如何披露内部控制的设计、实施和运行情况，以及财务信息的真实性和完整性。这有助于提高企业的透明度，保护投资者和其他利益相关方的权益。

企业财务内部控制的标准在国家层面需要明确企业内部控制体系的设计、实施和运行原则，规范内部控制的实施程序和方法，强调信息技术系统在内部控制中的作用，明确风险管理的原则和程序，规范内部控制的监督和评估机制，要求内部控制的不断优化和改进，以及注重企业的社会责任和透明度。这样的标准体系有助于企业建立健全的内部控制体系，提高企业的经营效率和风险管理水平。

(三) 行业内部控制标准

行业内部控制标准是在特定行业背景下为了满足监管要求、提高业务效率和降低风险而制定的规范。企业财务内部控制的标准是基于这些行业内部控制标准的基础上,以确保企业财务信息的真实性、可靠性、及时性为目标,维护企业财务安全和稳定运作。

财务内部控制标准强调对企业财务信息的准确性的要求。在行业内部控制标准中,企业需要建立严格的财务数据采集和处理机制,确保财务信息的准确反映实际情况。标准要求对涉及到财务报告的各项数据、交易和操作进行详细的检查和核实,防范潜在的错误和误导性的信息。

财务内部控制标准强调财务报告的可靠性。在制定财务内部控制标准时,需要明确财务报告的内容和格式,确保其符合国家法规和会计准则的要求。标准要求企业建立健全的内部审计机制,对财务报告进行全面审计和评估,以确保报告的真实性和完整性。

财务内部控制标准关注内部人员的行为和操守。在行业内部控制标准中,强调了内部人员对财务报告的责任和道德规范。标准要求企业建立有效的培训和教育机制,提高内部人员的财务意识和专业素养,以防范内部人员的不当操作和欺诈行为。

财务内部控制标准在风险管理方面提出了明确的要求。标准要求企业对可能对财务报告产生重大影响的风险进行全面、系统地识别、评估和控制。企业需要建立风险管理机制,及时发现和应对各类潜在风险,以确保财务信息的安全和稳定。

在行业内部控制标准中,对信息技术的应用也提出了要求。标准要求企业建立完善的信息系统,确保财务信息的安全、准确和及时。企业需要加强对信息技术系统的监管和管理,提高系统的稳定性和安全性,以防范信息技术风险对财务报告的影响。

财务内部控制标准在行业内部控制标准的基础上,更加关注财务信息的真实性、可靠性和安全性。这些标准的制定旨在提高企业的财务管理水平,降低风险,满足监管要求,维护投资者信任,促进企业的稳健经营和可持续发展。

第四节 企业财务内部控制的评价与改进

一、企业财务内部控制的评价

(一) 评价概述

企业财务内部控制的评价是对内部控制体系有效性和合规性的全面检查和审查过程。评价的目的在于发现潜在问题、提供改进建议,并确保内部控制的持续改进,以保障财务信息的准确性、合规性和安全性。评价要关注控制环境的健康程度。控制环境是内部控制的基础,企业需要评估领导层对内部控制的重视程度、组织文化的健康状况以及员工的合规意识等因素。这包括审查企业的治理结构、领导层的承诺、道德操守以及组织文化的塑造等方面,以确保企业内部有有利于内部控制的基础条件。

评价需聚焦风险评估的全面性。这需要企业建立健全的风险评估机制，通过定期的风险识别和评估活动，确保对各类风险的充分认知，并制定相应的风险管理策略，以规避或降低潜在风险对企业经营的不利影响。

控制活动是评价的另一个重要方面。企业需要确保在关键业务流程中，有适当的控制活动来保障业务目标的实现。这包括审查企业制定的各类控制措施，例如审批流程、账务核对、库存管理等，以确保这些控制措施的有效性和合规性。

信息与沟通的评价也是不可忽视的一环。企业需要建立畅通的信息流和有效的沟通机制，确保信息的准确传递和共享。评价要关注信息系统的可靠性、及时性，以及内部沟通的有效性，以减少信息传递中的误差和失误。

监控活动的评价是保证内部控制体系持续改进的关键。企业需要建立有效的监控机制，确保对内部控制的监督和评估。这包括内部审计、自查和外部审计等，以确保企业对内部控制的监控是全面、独立和有效的。

企业财务内部控制的评价是一个综合性的过程，需要全面考虑控制环境、风险评估、控制活动、信息与沟通、监控活动等各个要素。通过对这些要素的评估，企业可以及时发现潜在问题、提出改进建议，确保内部控制体系的有效性和合规性。评价的目标是不断提升内部控制的水平，为企业的经济健康和可持续发展提供坚实的基础。

（二）评价方法与工具

1. 内部控制评价的方法论

企业财务内部控制的评价是确保企业经营活动合法合规、财务信息真实可靠的重要环节。评价方法论的制定对于有效提升内部控制质量和稳健性具有关键作用。以下从几个关键方面探讨内部控制评价的方法论。

风险识别与评估评价方法论首先需要注重风险识别与评估。企业内部控制的质量与其对潜在风险的识别和应对能力息息相关。评价方法论应该包含对企业面临的各类风险进行全面、系统的识别和评估。这包括市场风险、信用风险、操作风险等方面，以确保评价的全面性和深入性。

内部控制设计与实施审查评价方法论需关注内部控制的设计和实施。内部控制的设计应当合理、科学，并且能够有效地支持企业的经营活动。方法论需要审查企业内部控制制度的设计原则，是否符合相关法规和国家标准。评价方法论还需检查实施过程中的执行情况，确保内部控制制度能够被有效贯彻落实。

内部审计体系的独立性与有效性评价方法论应关注企业内部审计体系的独立性和有效性。内部审计作为内部控制的监督和检查机制，其独立性对评价的客观性至关重要。方法论需要审查内部审计的组织结构、人员配置，以及审计程序的科学性和实效性，以确保内部审计体系能够对内部控制发挥有效监督和评估的作用。

信息技术系统的安全性控制在当前信息化时代，评价方法论必须充分关注信息技术系统的安全性控制。这包括数据的保护、网络安全、身份认证等方面。评价方法论需审查企业信息技术系统的安全性设计原则,确保其能够有效防范内外部的信息安全威胁,以保障企业财务信息的真实性和机密性。

内部控制的监督和调整机制评价方法论还需关注内部控制的监督和调整机制。企业需要建立能够及时发现内部控制问题并进行调整的机制。评价方法论应审查企业是否建立了有效的内部控制监督和调整的程序,确保内部控制能够随着企业经营环境和内外部变化不断优化和改进。

法规合规性审计方法论需要强调法规合规性审计的重要性。企业必须确保其内部控制体系符合相关法规和国家标准的要求。评价方法论应审查企业对法规的合规性审计程序和频率,确保企业的财务活动在法规框架内合法合规。

反腐败和内部道德风险评估评价方法论应关注反腐败和内部道德风险的评估。企业需要建立防范腐败的内部控制机制,评价方法论应审查企业对腐败风险的识别和防范机制,确保企业的经营活动在廉洁和道德的框架内进行。

企业财务内部控制评价方法论需要围绕风险识别与评估、内部控制设计与实施审查、内部审计体系的独立性与有效性、信息技术系统的安全性控制、内部控制的监督和调整机制、法规合规性审计、反腐败和内部道德风险评估等关键方面展开。一个全面、科学、实效的评价方法论将有助于提升企业内部控制的质量和稳健性,为企业的可持续经营提供有力的支持。

2. 内部控制评价的关键工具

内部控制评价是确保企业财务内部控制有效性的关键工具之一。评价过程不仅有助于发现潜在问题和风险,也能为企业提供改进和优化的方向。以下将讨论内部控制评价的关键工具以及其在企业财务内部控制中的应用。

流程图是内部控制评价中的关键工具之一。通过绘制业务流程图,企业能够清晰地了解财务信息的采集、处理和报告流程。流程图有助于识别可能存在的风险点、控制点和关键节点,为内部控制的评价提供了直观而全面的信息。企业可以通过对流程图的分析,识别并改进业务流程中的弱点,从而提高财务内部控制的有效性。

风险评估是内部控制评价的另一关键工具。通过对企业面临的各种风险进行全面评估,企业能够识别潜在的财务风险和业务风险。风险评估有助于确定关键的风险因素,为内部控制的制定提供方向。企业可以针对不同的风险情境设计相应的内部控制措施,以有效应对潜在的威胁。

内部审计是内部控制评价的重要手段。内部审计部门通过独立的审计程序,对企业的财务内部控制进行全面审查。审计可以发现存在的问题和缺陷,评估控制措施的有效性,并提供改进建议。内部审计为企业提供了第三方的观察和评价,有助于确保财务内部控制的独立性和客观性。

自检和自查是企业财务内部控制评价的重要环节。企业内部部门可以通过自检和自查,主动发现问题,及时进行纠正。自检和自查有助于建立一种自我监督机制,增强企业内部控制的自我修复能力，提高财务信息的准确性和完整性。

技术工具在内部控制评价中也发挥了重要作用。随着信息技术的发展，企业可以借助各种软件和系统，自动化地监控和评估财务内部控制的执行情况。技术工具能够提高评价的效率和精度，帮助企业更及时地发现潜在问题。

内部控制评价的关键工具包括流程图、风险评估、内部审计、自检自查以及技术工具。这些工具相互配合，使得企业能够全面、深入地评估财务内部控制的有效性，及时发现问题并采取改进措施，确保财务信息的真实性、可靠性和安全性。

二、企业财务内部控制的改进

（一）改进的概念与动机

企业财务内部控制的改进是指通过对内部控制体系进行调整和优化，以提高其有效性、适应性和合规性的过程。改进的动机主要源于企业对自身经营风险的关切、对财务信息的准确需求，以及不断变化的外部环境对内部控制的挑战。改进旨在使内部控制更加适应企业经营的要求，更加灵活、高效地应对复杂多变的商业环境。

改进的动机之一是对经营风险的关切。改进内部控制的动机之一是通过对风险的更全面评估和更有效控制，降低不确定性和经营风险的影响。企业需要建立更加灵活、具有前瞻性的风险管理机制，以及时发现并应对潜在风险，保障企业的经济健康和可持续发展。

改进的动机源于对财务信息准确性的需求。财务信息是企业管理和决策的基础，对财务信息的准确需求是推动内部控制不断提升的重要动力。企业需要通过改进内部控制，确保财务信息的真实、准确和完整，以提高决策的科学性和有效性。改进的过程中，需要关注财务报告的编制过程、会计政策的制定和执行，以及内部控制与财务报告的一致性。

改进的动机还来自于不断变化的外部环境对内部控制的挑战。随着科技的发展、市场的变化、法规的更新等，企业面临着新的挑战和机遇。为适应这种变化，企业需要不断改进内部控制机制，使其更具灵活性和适应性。这可能涉及到信息技术的更新、流程的优化、人员培训等方面的改进，以确保内部控制与外部环境的变化保持同步。

改进的动机还包括提高企业整体治理水平和赢得利益相关方的信任。企业财务内部控制的改进是企业整体治理水平提升的一部分，有助于建立透明、规范的企业运营机制。这不仅符合现代企业社会责任的要求，还有助于赢得股东、投资者、客户以及其他利益相关方的信任，提升企业在市场中的竞争力。

企业财务内部控制的改进是对内部控制体系的不断优化和调整过程，其动机主要源于对经营风险的关切、对财务信息准确性的需求，以及不断变化的外部环境对内部控制的挑战。通过改进，企业可以更好地适应复杂多变的商业环境，提高内部控制的有效性和适应性，从而保障企业的经济健康和可持续发展。

（二）改进方法与策略

企业财务内部控制的改进是保障企业经营活动合法合规、财务信息真实可靠的必要措施。改进方法与策略需要全面考虑企业内部控制体系的不足之处，从以下几个方面入手。

风险管理与预防机制的强化改进企业财务内部控制的关键之一是加强风险管理与预防机制。企业需要建立全面的风险识别和评估机制，对各类风险进行科学、系统地分析，以及时发现并应对潜在问题。在设计内部控制时，应针对不同风险制定相应的预防和控制策略，确保企业能够在风险面前保持稳健。

内部审计体系的优化改进企业内部控制还需要优化内部审计体系。企业应确保内部审计机构的独立性和专业性，审计人员要具备足够的专业知识和经验。要强化内部审计的覆盖范围，确保审计能够全面覆盖企业的各个环节。内部审计的结果应当及时向企业高层管理层报告，以便及时调整和改进内部控制体系。

信息技术系统安全性的提升随着信息技术的飞速发展，企业财务活动越来越依赖于电子化系统。因此，改进企业内部控制需要重点提升信息技术系统的安全性。企业应采取先进的信息技术安全控制措施，包括加强网络安全、加密数据、实施身份认证等方面。定期对信息技术系统进行安全漏洞扫描和评估，确保系统免受潜在的威胁。

法规合规性审计的强调改进企业财务内部控制需要更加强调法规合规性审计。企业应对其内部控制制度进行法规合规性的审查，确保符合国家相关法规和标准。在内部控制设计和实施中，要积极借鉴和遵守法规的规定，确保企业经营活动的合法性和合规性。

反腐败和内部道德风险防范改进企业财务内部控制需要强化反腐败和内部道德风险防范机制。企业应明确反腐败政策和行为准则，加强对员工的培训，提高员工的道德水平。建立内部举报机制，鼓励员工对违规行为提供线索，以加强对腐败行为的防范。

第三章 企业财务风险识别与评估

第一节 企业财务风险识别的方法与工具

一、企业财务风险识别的方法

(一) 方法概述

企业财务风险识别是一个系统性的过程，旨在全面了解和评估企业面临的潜在财务风险。为了有效地进行财务风险识别，企业可以采用多种方法，以全面、深入地了解可能影响企业财务健康的各种因素。

定性分析是一种常用的方法。通过对企业内外部环境的全面分析，了解与财务风险相关的各种因素，包括宏观经济状况、行业竞争环境、法规政策变化等。这种分析方法主要依赖于主观的专业判断和经验，通过专业人员的定性分析，全面把握可能影响企业财务状况的因素，识别潜在的风险点。

定量分析是财务风险识别的重要手段之一。通过收集、整理企业的财务数据，运用统计和数学模型进行分析，揭示潜在的财务风险。常用的定量方法包括财务比率分析、趋势分析、比较分析等。这些方法能够客观地量化企业的财务状况，识别财务指标的异常波动，从而找出潜在的风险因素。

SWOT分析也是一种常见的方法。通过对企业内外部的优势、劣势、机会、威胁进行综合分析，识别出可能对财务状况产生影响的关键因素。SWOT分析有助于从战略层面全面了解企业的竞争优势和面临的潜在威胁，为财务风险的识别提供全局视角。

风险矩阵分析也是一种常用的方法。通过建立风险矩阵，将风险的概率和影响进行综合评估，以确定潜在的高风险区域。这种方法有助于企业有针对性地关注那些可能对财务状况产生较大影响的风险事件，为风险的管理和控制提供科学依据。

(二) 定性方法

1. SWOT分析与财务风险

SWOT分析是一种常用的战略管理工具，用于评估企业的优势、劣势、机会和威胁。

将 SWOT 分析与财务风险识别方法结合，有助于全面了解企业在财务方面的内外部情况，提高财务风险管理的准确性和有效性。

通过 SWOT 分析识别企业的财务优势。分析企业的财务优势有助于发现潜在的风险防范措施。企业可能在财务方面拥有稳健的资金状况、良好的信誉和强大的市场地位，这些优势可以成为规避风险的基础。财务优势的 SWOT 分析能够帮助企业明晰其财务强项，从而更有针对性地规避潜在的财务威胁。

分析企业的财务劣势，发现财务薄弱点。SWOT 分析中的劣势部分可能包括高负债、低流动性、依赖性过强等问题。财务劣势的识别有助于企业针对性地建立相应的风险缓解措施，以防范潜在的财务风险。

接着，通过 SWOT 分析审视外部机会，了解潜在的财务发展机会。外部机会可能包括市场扩张、新产品推出、投资机会等。对外部机会的深入了解有助于企业更好地利用市场机遇，从而提升财务状况。合理利用外部机会可以为企业提供更多的财务增长点，降低财务风险。

识别外部威胁，了解可能对企业财务造成负面影响的因素。外部威胁可能包括市场竞争加剧、政策法规变化、经济不确定性等。通过 SWOT 分析外部威胁，企业可以提前制定相应的财务风险管理策略，应对潜在的威胁，减少对财务状况的不利影响。

财务风险识别的方法需综合考虑企业的财务状况、行业环境和宏观经济因素。可以采用财务比率分析、财务报表分析、现金流量分析等手段，深入了解企业的财务结构和运营状况。对行业的竞争格局、市场需求和供给状况进行深入分析，识别可能对企业财务造成冲击的因素。宏观经济因素如通货膨胀、利率变动、汇率波动等也需要被纳入考虑范围。

2. 定性风险指标的应用

企业财务风险识别是维护财务健康和可持续发展的重要环节。在这个过程中，应用定性风险指标是一种有效的手段，有助于全面、深入地分析和评估潜在的风险因素。以下将讨论定性风险指标在企业财务风险识别中的具体应用方法。

行业环境是一个重要的定性风险指标。通过深入了解所处行业的政策、法规、市场竞争等情况，企业可以识别潜在的行业风险。行业环境的变化可能影响企业的盈利能力和稳定性，因此对行业环境的定性分析有助于提前发现并应对潜在的财务风险。

宏观经济因素也是企业财务风险识别的关键。通货膨胀率、利率水平、国家政策等宏观经济因素的变化可能对企业的财务状况产生直接或间接的影响。企业需要通过定性分析来评估宏观经济因素对其经营环境和财务状况的潜在影响，以提前做好风险防范和应对措施。

政治与法律环境的变化也是企业财务风险的一个关键因素。政策法规的变化可能对企业的经营策略、成本结构等产生直接的影响。企业需要通过定性分析来审慎评估政治与法律环境的潜在风险，以确保企业在法规变化中能够灵活应对。

供应链风险是企业财务风险识别中不可忽视的一部分。通过对供应链中关键环节的定性分析，企业可以识别潜在的供应链中断、原材料价格波动等风险因素。这有助于企业建立弹性供应链，降低供应链风险对财务状况的影响。

竞争环境和市场变化也是定性风险指标的重要组成部分。企业需要通过定性分析来了解竞争对手的动向、市场需求的变化等因素，以及时调整经营策略，应对可能对企业财务状况产生的影响。

社会环境和公共舆论的变化也是企业财务风险识别中需要关注的因素。通过对社会环境和公共舆论的定性分析，企业可以预判潜在的社会责任风险和品牌形象风险，采取相应的措施，维护企业的声誉和财务稳定。

应用定性风险指标是企业财务风险识别的有效方法。通过对行业环境、宏观经济、政治与法律、供应链、竞争环境、社会环境等多个方面的定性分析，企业能够全面了解潜在的风险因素，为制定风险管理策略提供有力支持。

二、企业财务风险识别的工具

（一）技术工具

企业财务风险识别是一项复杂而关键的任务，为提高效率和准确性，企业可以利用各种技术工具来支持这一过程。这些技术工具涵盖了数据分析、人工智能、风险管理软件等多个领域，为企业提供了更全面、实时的财务风险识别手段。

数据分析工具在财务风险识别中发挥着重要作用。企业可以利用数据分析工具对大量的财务数据进行整理、清洗和分析，揭示潜在的异常和趋势。数据分析工具如 Tableau、Power BI 等可以将财务数据可视化，帮助企业更直观地了解财务状况，识别可能的风险因素。企业还可以运用数据挖掘技术，发现数据背后的隐藏模式和关联，进一步加深对风险的认识。

人工智能技术为企业财务风险识别提供了强大的支持。通过机器学习算法，企业可以建立预测模型，识别财务数据中的异常和潜在风险。智能风险分析系统可以不断学习和优化，适应不断变化的市场环境，提高风险识别的准确性。自然语言处理技术也可以应用于分析合同和法规文件，辅助企业了解潜在的合规风险。

风险管理软件是企业财务风险识别的另一类重要工具。这类软件通常提供全面的风险管理功能，包括风险识别、评估、监控和应对等环节。它们能够帮助企业建立风险框架、制定风险策略，同时提供实时的风险报告和仪表板，帮助企业全面掌握财务风险的动态。常见的风险管理软件有 SAP GRC、RiskWatch 等。

除此之外，区块链技术也能够应用于财务风险识别。区块链可以确保财务数据的真实性和完整性，减少信息篡改和造假的可能性，提高风险识别的可靠性。

企业可以利用数据分析工具、人工智能技术、风险管理软件以及区块链技术等多种技术工具来支持财务风险识别。这些工具的综合运用有助于提高财务风险识别的效率和准确性，使企业更好地应对不断变化的商业环境，保障财务健康和可持续发展。

（二）模型与框架

企业财务风险识别的工具包括多种模型和框架，它们有助于深入了解企业面临的潜在财务风险，从而提前采取措施进行预防和管理。以下是一些常用的财务风险识别工具。

财务比率分析是一种常见的工具，通过计算和比较不同的财务比率，揭示企业在偿债能力、盈利能力、偿付能力等方面的表现。关键的财务比率包括流动比率、速动比率、负债比率等，可以帮助企业发现潜在的财务问题，如偿债能力不足、盈利能力下降等。

财务报表分析对财务报表进行深入分析是财务风险识别的重要手段。通过审查资产负债表、利润表和现金流量表，可以识别企业的资产负债结构、盈利状况和现金流动情况，从而发现潜在的财务风险，如资产负债不平衡、盈利下滑、现金流紧张等。

Altman Z-Score 模型是一个用于判断企业破产风险的经典模型。该模型将不同的财务比率进行加权组合，生成一个综合的分数。根据分数的高低，可以判断企业是否面临破产的风险。这个模型主要关注企业的偿债能力和盈利能力，为企业提供了一个量化的财务风险评估指标。

资本资产定价模型（CAPM）CAPM 是一种衡量资本市场风险的模型，它可以用于估算企业的权益资本成本。通过对企业的风险暴露进行评估，CAPM 可以揭示企业在资本市场上的风险水平。这有助于企业识别在市场不确定性下面临的财务风险，为资本结构的优化提供指导。

企业价值链分析是一种综合的框架，通过对企业价值链的不同环节进行分析，揭示可能对企业经营和财务状况产生风险的因素。从供应商到生产环节再到分销环节，企业价值链分析能够帮助企业发现供应链风险、生产效率问题、市场竞争等方面的潜在问题。

敏感性分析是一种通过模拟不同的情景和参数变化，评估这些变化对企业财务状况的影响的方法。通过变化关键参数，如销售额、成本、汇率等，企业可以识别在不同情景下可能发生的财务风险，为制定灵活的财务管理策略提供依据。

市场风险管理工具利用市场风险管理工具，如期货合约、期权、利率互换等，可以帮助企业降低市场风险。这些工具可以用于对冲汇率波动、商品价格波动等，从而减缓外部市场因素对企业财务状况的冲击。

模型和框架在财务风险识别中扮演着重要的角色。财务比率分析、财务报表分析等传统方法，结合 Altman Z-Score 模型、CAPM 等经典模型，以及企业价值链分析、敏感性分析等综合框架，为企业提供了多角度、全方位的财务风险识别工具。通过综合利用这些工具，企业可以更全面、深入地了解自身面临的财务风险，有针对性地制定风险管理策略，提高财务风险管理的准确性和有效性。

（三）现代技术与工具的整合

企业财务风险识别面临复杂多变的市场环境，现代技术与工具的整合在提升财务风险识别效能方面发挥着关键作用。以下是对于这一整合的讨论。

数据分析与挖掘工具是财务风险识别的核心。通过整合大数据分析、数据挖掘和人工智能等现代技术，企业能够从海量数据中提取关键信息，实现对财务数据的全面分析。这包括对财务指标、交易数据、市场趋势等多维度信息的挖掘，有助于快速发现异常、趋势和潜在风险信号。

智能风险管理系统的应用是一项关键的技术整合。这样的系统整合了风险识别、评估和监控的功能，能够实时监测财务交易，自动检测潜在的风险因素。通过设置智能警报和实时报告机制，企业能够在风险发生之前及时获得关键信息，提高风险应对的速度和准确性。

区块链技术在财务风险管理中也逐渐得到应用。通过区块链的不可篡改性和透明性，企业可以建立更加安全和可信的财务交易记录。这有助于防范欺诈、提高财务数据的可靠性，减小信息不对称的风险。

再者，机器学习技术的应用能够加强对财务风险的预测和模型的优化。通过对历史数据的学习，机器学习模型能够识别潜在的模式和趋势，预测未来可能发生的风险。这有助于企业更准确地制定风险管理策略，提高对未知风险的适应性。

云计算技术的应用使得企业能够更加高效地处理大规模财务数据。云计算提供了弹性的计算和存储资源，使得企业能够在需要时灵活扩展，更加高效地进行数据处理和分析。这有助于加速财务风险识别的过程，提升决策的实时性和准确性。

人工智能辅助决策系统的整合进一步提高了财务风险识别的智能化水平。通过引入自然语言处理、图像识别等人工智能技术，企业能够更全面地了解外部环境和市场动态，更准确地识别与财务相关的风险信号，提高决策的科学性和全面性。

现代技术与工具的整合在企业财务风险识别中发挥着不可或缺的作用。通过数据分析与挖掘、智能风险管理系统、区块链技术、机器学习、云计算和人工智能辅助决策系统等技术的整合，企业能够更全面、深入地识别财务风险，提高对未知风险的应对能力，为财务安全和可持续发展提供有力支持。

第二节　企业财务风险评估的模型与指标

一、企业财务风险评估模型

（一）企业财务风险评估模型的背景与引言

在当今复杂多变的商业环境中，企业面临着日益增加的财务风险挑战。财务风险的不可预测性和潜在的严重影响使得企业需要寻求更加系统化、科学化的方法来评估和管理这些风险。为了满足这一需求，企业财务风险评估模型应运而生。

过去的几十年里，全球商业环境发生了巨大的变革。市场全球化、科技创新、法规合规的提升等因素使得企业面临的风险更加多样化和复杂化。财务风险，作为企业经营过程中的一种不可避免的挑战，显得尤为突出。企业面临的财务风险不仅来自市场波动、货币汇率波动,还包括法规的不确定性、竞争的加剧、供应链的中断等多方面的因素。

传统的财务管理方法在面对这些新的挑战时显得相对滞后。传统上,企业主要通过财务报表和会计数据来评估财务状况,但这种方法在捕捉市场动态、法规变化、供应链风险等方面存在局限性。因此,有必要引入新的、更综合的方法来全面识别和评估财务风险。

企业财务风险评估模型的引入旨在应对传统财务管理方法的局限性,为企业提供更加全面、准确的财务风险评估手段。这些模型以系统性、科学性为特点,借助先进的数据分析、统计学方法以及风险管理理论,帮助企业更好地理解、量化和管理财务风险。

财务风险评估模型的引入不仅是对风险管理理念的升级,更是对企业自身的发展要求的回应。在信息爆炸和大数据时代,企业面对的风险更加多元,也更加难以预测。因此,从单纯依赖历史数据和财务报表的传统方法转向更加综合利用各类信息和先进技术手段的模型,成为企业适应新时代的必然选择。

企业财务风险评估模型的研发和应用,是财务管理领域在不断创新和改进的过程中的一个重要里程碑。这些模型的引入不仅为企业提供了更精准的风险识别和量化工具,也为企业更有效地制定财务战略、优化资源配置提供了重要支持。在新的经济背景下,财务风险评估模型将成为企业提高竞争力、应对不确定性的得力助手,为可持续发展打下坚实基础。

(二) 企业财务风险评估的概念模型及相关理论

1. 概念模型

企业财务风险评估模型是一种通过深入分析企业财务状况的工具,以识别潜在的风险和挑战。该模型的核心目标在于揭示企业在财务层面面临的各种潜在风险,从而使管理者能够制定更有效的决策,提高企业的稳健性和可持续性。

在构建概念模型时,首要考虑的是企业的财务结构。财务结构包括企业的资产、负债和权益的组合,这直接影响到企业的偿债能力和财务弹性。通过对企业财务结构的深入分析,我们能够识别出潜在的流动性问题、资本结构不合理等风险,进而采取相应的措施来提升企业的财务稳健性。

另一个重要的方面是企业的盈利能力。盈利能力是企业维持正常运营、偿还债务和提高企业价值的关键。通过对企业盈利能力的评估,我们可以发现潜在的收入下降、成本上升等问题,从而及时调整经营战略,确保企业的盈利能力得以维持和提升。

企业的现金流状况也是财务风险评估的重要考量因素。现金流不足可能导致企业难以支付短期债务,进而引发严重的财务危机。因此,通过对企业现金流的横向和纵向比较,我们能够识别潜在的现金流问题,采取相应的财务策略来确保企业的资金充裕。

外部经济环境的波动也是企业财务风险的一个重要方面。通货膨胀、利率变动、汇率波动等外部因素都可能对企业的财务状况产生直接或间接的影响。因此,在概念模型中,我们需要考虑这些外部因素,并建立相应的风险预警机制,以便及时调整企业的财务策略,以适应外部环境的变化。

概念模型还应包括对企业治理结构的评估。企业治理结构的合理性直接关系到企业的经营和财务决策是否能够有效实施。通过对企业治理结构的深入分析，我们能够发现潜在的管理层不善、内部控制不足等问题，从而及时采取措施加以改进，提高企业的整体治理水平。

在总体上，企业财务风险评估模型通过对企业财务结构、盈利能力、现金流状况、外部经济环境和治理结构等多个方面的综合分析，能够全面揭示企业面临的潜在风险。这为企业管理者提供了有效的决策支持，帮助企业在不断变化的市场环境中保持财务的稳健性和可持续性。

2. 相关理论与研究

企业财务风险评估模型是理论和研究的产物，各种相关理论和研究对于构建科学有效的评估模型提供了重要的指导。以下将讨论与企业财务风险评估模型相关的理论和研究。

现代财务理论为财务风险评估提供了理论基础。资本资产定价模型（CAPM）和有效市场假说等理论为企业财务风险的定量分析提供了基本框架。CAPM通过把风险与回报关联起来，帮助企业理解投资组合中不同资产的风险水平。有效市场假说则强调市场信息的迅速反映在资产价格中，为企业从市场获取信息和调整财务策略提供了理论依据。

债务融资理论对于企业财务风险的评估具有重要意义。债务融资理论关注企业通过债务融资的方式管理财务风险。模型通过分析企业债务与权益的结构，以及不同债务工具的特点，帮助企业更好地理解财务风险与融资结构之间的关系。

实证研究对于构建财务风险评估模型提供了实证证据。研究通过对实际企业财务数据的分析，识别出与风险相关的关键因素。例如，通过观察企业的财务杠杆水平、经营性现金流、盈利能力等指标，实证研究揭示了这些因素与企业的财务风险之间的潜在关联。

期权定价理论为企业风险管理提供了一种新的视角。期权定价理论强调了企业面对不确定性时的灵活性和选择权。企业可以利用期权工具来对冲风险，提高财务灵活性，进而降低财务风险。

金融工程学的发展为财务风险评估模型的构建提供了技术支持。金融工程学通过对金融工具的创新和设计，使得企业能够更精准地进行财务风险管理。例如，利用金融衍生工具对冲汇率风险、利率风险等。

企业财务风险评估模型的构建受益于现代财务理论、债务融资理论、实证研究、期权定价理论以及金融工程学的不断发展。这些理论和研究为企业提供了多维度、多角度的视角，有助于更全面、深入地理解和评估财务风险。随着理论的不断完善和研究的深入，企业财务风险评估模型将更加科学、精准地为企业提供风险管理的支持。

二、企业财务风险指标

（一）财务杠杆指标

企业财务杠杆指标是评估企业财务状况和风险的重要工具之一。财务杠杆指标主要分为负债结构和财务杠杆倍数两个方面，这两者共同反映了企业的融资状况和财务风险水平。

负债结构是企业财务杠杆的重要组成部分。企业通过不同形式的融资来获取资金，包括长期债务、短期债务和股权融资。负债结构的合理性直接关系到企业的偿债能力和财务稳定性。如果企业长期负债较高，可能导致偿债风险增加，尤其是在利率波动较大的环境下，企业可能面临着更大的财务风险。

财务杠杆倍数是评估企业融资决策的一个重要指标。财务杠杆倍数反映了企业利用外部资金进行投资和经营活动的程度。高财务杠杆倍数可能带来更高的盈利，但同时也意味着更大的财务风险。企业应该在融资决策中平衡风险和收益，确保财务杠杆倍数在可控范围内。

财务杠杆指标与企业的盈利能力密切相关。企业在追求高盈利的也需要注意财务杠杆对盈利的影响。财务杠杆可以放大企业的盈利，但同时也会放大亏损。因此，企业在财务决策中需谨慎权衡，确保在保持盈利的同时降低财务风险。

宏观经济环境的变化也会对企业的财务杠杆产生影响。在经济不稳定的时期，利率可能波动较大，这对企业的融资成本和财务状况都会造成影响。企业需要灵活应对市场变化，调整财务结构，降低财务风险。

企业财务杠杆指标是反映企业财务状况和风险水平的重要工具。负债结构和财务杠杆倍数是构成财务杠杆的两个关键方面，它们直接关系到企业的偿债能力、盈利水平和财务稳定性。在竞争激烈的市场环境中，企业需要谨慎制定财务策略，灵活应对市场变化，确保在追求盈利的同时降低财务风险。

(二) 流动性风险指标

流动性风险指标是财务分析中关键的方面之一。流动性风险直接关系到企业短期内是否能够履行偿债责任，保持正常的运营。通过仔细研究企业的流动性风险指标，我们能够更全面地了解企业的财务状况，洞察其潜在的经营压力和支付能力。

关注企业的流动比率。流动比率是衡量企业短期偿债能力的关键指标，它反映了企业流动资产与流动负债之间的比例。高流动比率意味着企业有足够的流动资产来覆盖其短期负债，从而降低了流动性风险。

重点考虑速动比率。速动比率是一种更为严格的流动性指标，它排除了存货等相对不易变现的资产，更直观地反映了企业应对短期偿债的能力。高速动比率通常意味着企业具备更强的流动性和支付能力。

关心经营活动现金流。现金流量表提供了企业在一定时期内的现金收入和支出情况，特别是来自经营活动的现金流。正的经营活动现金流可以确保企业有足够的现金来支持日常运营，降低流动性风险。

进一步，审视企业的应收账款周转率。应收账款周转率反映了企业追求销售收入的能力以及获取现金的速度。高周转率通常表示企业能够迅速将销售转化为现金，减轻了流动性风险。

关注企业的短期债务与现金比率。这一比率将企业的短期债务与其可用现金相比较，直观地展示了企业应对短期偿债的能力。高比率可能意味着企业可能面临偿债问题，需要及时采取措施来维护流动性。

流动性风险指标是财务分析中的重要组成部分，直接关系到企业的短期经营状况。通过对流动比率、速动比率、经营活动现金流、应收账款周转率和短期债务与现金比率等指标的深入研究，我们能够更全面地评估企业的流动性风险，为管理层提供有力的决策支持，帮助企业更好地应对激烈的市场竞争和变幻莫测的经济环境。

(三) 盈利能力指标

企业盈利能力指标是财务风险评估中的关键指标之一，它反映了企业在经济运作中实现盈利的能力。盈利能力指标对于揭示企业的经济实力、可持续性以及对外部环境变化的适应性具有重要意义。

利润总额是一个重要的盈利能力指标。利润总额直接反映了企业在一定时期内销售产品或提供服务后所获得的净收益。高利润总额通常意味着企业在市场竞争中取得了相对的优势，但也可能暗示着高成本或高风险。因此，对利润总额的全面分析能够揭示企业在财务风险方面的潜在问题。

毛利率是盈利能力的重要衡量指标。毛利率表示企业在生产和销售过程中所获得的毛利占总收入的比例。高毛利率通常表明企业有较强的盈利能力，但也可能暗示着高成本或高售价。因此，毛利率的分析有助于识别企业在盈利过程中的成本结构和市场竞争力。

净利润率是盈利能力的重要衡量标准之一。净利润率是企业净利润与总收入的比率，反映了企业在扣除各种费用后实际实现的盈利水平。稳健的净利润率通常意味着企业在运营中能够有效地降低各类费用，提高经济效益，对于财务风险的抵御具有积极意义。

营业利润率是一个直观的盈利能力指标，它表示企业在日常经营活动中获得的利润占总收入的比例。较高的营业利润率可能说明企业在核心业务上取得了良好的盈利，但也可能受到其他因素的干扰。因此，对于营业利润率的综合分析有助于深入了解企业盈利的核心来源。

投资回报率是企业盈利能力的综合指标。投资回报率以企业净利润与总资产的比例来衡量企业资产的盈利效能。高投资回报率可能表明企业能够有效地利用资产，取得较高的盈利水平，但也可能由于高风险而导致波动。因此，对于投资回报率的评估有助于全面了解企业在资产利用中的表现和财务风险的潜在因素。

(四) 财务结构指标

1. 权益比率

权益比率是企业财务分析中的一个重要指标，它用于衡量企业的财务稳健性和财务杠杆水平。权益比率计算为股东权益与总资产之比，通常以百分比表示。这一比率的高低可以直接反映企业的财务结构和风险程度。权益比率的高值通常表示企业拥有较低的财务杠杆。财务杠杆是指企业使用债务资本与股东权益资本的比例，它可以增加企业的潜在回报，但也伴随着债务偿还的风险。因此，较高的权益比率表明企业相对较少依赖借款来支持其运营和投资，从而降低了财务风险。高权益比率反映了企业的财务稳健性。在面对不确定性和财务困难时，企业拥有更多的股东权益可以提供一定的财务安全垫，有助于渡过困难时期。这对于投资者和债权人来说都是一个积极的信号，因为它意味着企业有更强的财务抵抗能力。高权益比率还可以提高企业的信誉和市场声誉。投资者、供应商和客户通常更愿意与财务稳健的企业合作，因为它们被认为更可靠和可信赖。这可能会为企业带来更多的商机和融资渠道。权益比率过高也可能有其不利之处。过高的权益比率可能表明企业未充分利用债务融资的潜力，以扩大业务或进行投资。这可能导致企业失去了某些增长机会，因为债务资本通常可以提供更大的资金支持。

权益比率是企业财务分析中的一个关键指标，它可以帮助利益相关者了解企业的财务结构和财务杠杆水平。高权益比率反映了企业的财务稳健性和低财务风险，但也可能意味着较少的债务资本利用。企业应根据其具体情况和战略目标来决定适当的权益比率水平。

2. 长期债务与总资产比率

长期债务与总资产比率是企业财务分析中用来评估企业财务结构的重要指标之一。它衡量了企业的长期债务水平与总资产之间的关系，通常以百分比形式表示。长期债务与总资产比率的高值通常表示企业依赖较多的债务资本来支持其经营和投资活动。债务通常包括企业发行的债券、长期贷款或其他长期借款。高比率可能表明企业已经借入大量资金，以资助其扩张、投资或运营需求。尽管债务可以提供资金，但高债务水平也带来了偿债风险。高长期债务与总资产比率意味着企业需要支付较高的利息和本金偿还。如果企业的盈利能力下降或面临财务困难，这些债务偿还可能变得困难，从而增加了破产的风险。此外，高比率也可能导致企业的信用评级下降，从而提高了借款成本，降低了企业的融资能力。低长期债务与总资产比率通常意味着企业相对较少依赖债务资本。这可以降低偿债风险，因为企业的债务偿还压力较小。然而，低比率也可能意味着企业未充分利用债务融资的机会，以扩大业务或进行投资，这可能导致企业错失增长机会。总而言之，长期债务与总资产比率是企业财务结构的关键指标，它反映了企业债务水平和偿债风险。高比率可能意味着企业承担了较大的债务风险，需要更谨慎地管理其财务情况。企业应该根据其财务策略和市场条件，权衡债务融资和财务稳健性之间的关系，以确保能够实现可持续的经营和增长。

企业盈利能力指标是财务风险评估的核心内容之一。通过对利润总额、毛利率、净利润率、营业利润率和投资回报率等指标的深入分析，可以全面、多角度地了解企业在盈利方面的表现和潜在风险。这些指标的综合运用有助于制定科学有效的财务战略，提高企业对市场波动和竞争变化的适应性，确保企业财务稳健和可持续发展。

第三节 企业财务风险分析与报告

一、企业财务风险分析

（一）财务风险识别

企业财务风险的识别和分析是经营管理中至关重要的一环。前文提到，财务风险主要包括市场风险、信用风险、流动性风险和汇率风险等多个方面。这些风险的存在可能对企业的盈利能力和财务状况造成不可忽视的影响。

企业财务风险的识别和分析是企业管理的核心之一。在竞争激烈的市场环境中，企业面临着多方面的财务风险，包括市场风险、信用风险、流动性风险和汇率风险等。有效的财务风险管理需要企业不断加强对市场动态的监测，建立健全的信用管理制度，合理规划资金运作，以及制定科学有效的汇率风险对策。只有通过全面而深入的风险分析，企业才能更好地应对不确定性，确保财务状况的稳健和持续发展。

（二）财务数据收集与整理

1. 财务报表解读

财务报表是反映企业财务状况和经营成果的重要工具。深入解读财务报表能够揭示企业的财务风险，为管理层提供决策依据。注重资产负债表。资产负债表反映了企业在特定时间点的资产、负债和所有者权益状况，通过分析其结构，可以洞察企业的偿债能力和资本结构，判断潜在的财务风险。

重点关注经营活动现金流。现金流量表详细列示了企业在一定时期内的现金收入和支出情况，特别是经营活动产生的现金流量。通过对现金流量表的深入分析，可以判断企业的盈利能力和现金管理水平，提前发现潜在的流动性风险。

仔细审视利润表。利润表展示了企业在一定时期内的收入、成本和利润情况，关注净利润、毛利率等指标能够帮助我们深入了解企业的盈利状况。不同行业的特性决定了其盈利模式的差异，因此需要结合行业背景进行更为精准的解读。

再者，关心负债结构。债务与权益比率、利息支付倍数等指标反映了企业的负债水平和债务支付能力。通过对这些指标的综合分析，我们能够评估企业的财务杠杆水平，判断其是否能够承受未来的偿债压力。

注重盈余积累和分配。关注盈余公积金、未分配利润等指标，了解企业在过去盈利中的积累和分配情况。通过对这些指标的分析，我们能够判断企业的财务稳健性和未来发展潜力。

财务报表解读是深入了解企业财务状况的关键途径。通过对资产负债表、现金流量表、利润表和负债结构等多个方面指标的深入分析，我们能够全面洞察企业的财务风险，为管理层提供重要的决策信息，帮助企业在竞争激烈的市场环境中更好地应对各种挑战。

2. 数据可靠性分析

企业财务风险分析中，数据可靠性是确保评估结果准确性和有效性的关键因素。对于数据的可靠性进行深入分析，可以提高风险评估的科学性和可信度，确保企业能够更好地应对潜在的财务风险。

数据来源的可靠性对于财务风险分析至关重要。财务数据的来源涉及企业内部和外部的多个渠道，如财务报表、审计报告、行业报告等。对于这些数据来源，需要审慎评估其信誉度和透明度，确保数据来源的真实性和准确性。若数据来源存在不确定性或者质疑，可能导致风险评估结果产生偏差，从而影响决策的科学性。

数据收集的方法和过程对于数据可靠性有着直接影响。企业在进行财务风险分析时，往往需要通过各种手段收集数据，包括调查、问卷、统计分析等。在数据收集的过程中，需要注意确保采样的全面性和代表性，避免出现选择性偏差。要保证数据的时效性，及时更新财务信息，以反映企业最新的经营状况。

数据的准确性和完整性是保障财务风险分析可靠性的基石。在财务报表和其他财务信息中，需要确保各项数据的准确性，防范由于财务信息错误引起的误导性分析。数据的完整性也是保证风险评估全面性的关键，缺失或不完整的数据可能使得对潜在风险的评估产生遗漏。

对于财务数据的一致性和可比性也是数据可靠性的重要方面。企业可能面临多个财务报表版本或者采用不同会计准则，需要确保数据在比较和分析时是一致的。应该对同一行业或同一时间段的财务数据进行横向和纵向的比较，以获得更全面的分析结果。

数据的保密性和隐私性是需要重视的方面。在进行财务风险分析时，涉及到企业敏感的财务信息，需要确保数据的保密性，防范数据泄露的风险。合法合规地获取和使用数据，保护客户和员工的隐私，也是企业在财务风险分析中应该关注的方面。

数据可靠性是企业财务风险分析的基础，对于保证评估结果的准确性和可信度至关重要。企业在进行财务风险分析时，应当从数据来源、数据收集、数据准确性和完整性、数据一致性和可比性、数据保密性和隐私性等方面全面考量，以确保风险分析的科学性和实效性。

二、企业财务风险报告

（一）报告结构与要素

企业财务风险报告是一个系统性的文档，用于全面评估企业在财务方面面临的潜在风险。这种报告的结构应该包括企业概况、财务状况分析、财务风险识别、风险因素分析、应对措施以及建议等几个主要要素。

企业概况是财务风险报告的基础。这部分应该包括企业的行业背景、市场地位、主要经营模式、竞争格局等方面的信息。通过对企业整体情况的把握，有助于更好地理解企业所处的经营环境。

财务状况分析是报告的核心部分之一。通过对企业财务报表的详细分析，可以全面了解企业的盈利能力、偿债能力、运营状况等。这有助于为后续的财务风险识别提供实质性的数据支持，使报告更有说服力。

在财务风险识别部分，报告应该对潜在的财务风险进行明确的界定和识别。这可能包括市场风险、信用风险、流动性风险、汇率风险等多个方面。在识别过程中，需要综合考虑行业特点、经济状况、公司规模等因素，确保财务风险的全面性。

风险因素分析是报告的延伸部分，需要对每个财务风险因素进行深入分析。这包括潜在的风险来源、可能带来的影响、风险的概率以及应对措施等。通过对风险因素的深度挖掘，有助于企业更加全面地认识和理解所面临的风险。

应对措施是财务风险报告的实质性内容之一。在这一部分，报告应该提出一系列具体可行的风险缓解和控制方案。这可能包括改进财务管理制度、建立有效的风险监测机制、加强对市场的敏感性分析等方面。

报告的建议部分应该提供对企业未来经营发展的建议。这可能包括调整经营战略、优化融资结构、加强内部管理等。通过有针对性的建议，报告可以为企业在未来的发展中更好地应对财务风险提供指导。

企业财务风险报告应该呈现出一个系统性、层次分明的结构。通过梳理企业概况、财务状况分析、财务风险识别、风险因素分析、应对措施以及建议等要素，可以使报告更加全面、深入地反映企业的财务状况和面临的风险，为企业管理层提供决策参考。

(二) 财务风险评级

财务风险评级是对企业财务状况进行综合评估的一项关键工作。通过对企业的财务数据进行深入分析，评级机构能够提供有关企业财务健康状况的细致报告，为投资者、债权人和管理层提供决策依据。在这一过程中，财务风险报告成为评级机构的主要输出，详尽呈现企业的财务状况、偿债能力和潜在风险。

首要关注企业的资产负债表。资产负债表是财务评级的重要依据之一，通过分析企业的资产和负债结构，评级机构能够判断企业的偿债能力和财务稳健性。尤其重视长期负债与权益比率、流动比率等指标，这些数据有助于评估企业的债务水平和流动性状况。

深入研究企业的利润表。利润表详细列示了企业在一定时间内的收入、成本和利润情况，通过关注净利润、毛利率等指标，评级机构能够全面了解企业的盈利能力和盈余情况。这有助于评估企业是否具备足够的盈利能力来履行偿债责任。

注重流动性风险的评估。评级机构关心企业的流动比率、速动比率等指标，以确保企业具备足够的流动性来应对短期偿债需求。流动性的充足与否直接关系到企业是否能够保持正常经营和应对突发情况。

评估企业的经营活动现金流。现金流量表是了解企业现金收支情况的关键工具，评级机构通过关注经营活动产生的现金流量，判断企业的盈利是否能够转化为足够的现金流，维护企业的流动性。

关心企业的负债结构。评级机构通过分析债务与利润比率、利息支付倍数等指标，判断企业的负债水平和债务支付能力。这有助于评估企业是否有足够的财务弹性来应对未来的偿债压力。

财务风险评级通过对企业的资产负债表、利润表、流动性风险、经营活动现金流和负债结构等多方面指标的深入分析,形成详尽的财务风险报告。这一报告为投资者提供了全面、可靠的信息,帮助其更好地理解企业的财务状况,为投资和决策提供科学依据。

(三) 风险趋势与展望

企业财务风险报告的编制旨在全面、深入地分析风险趋势与展望,以提供企业决策者对未来风险的洞察和应对策略。在编制风险报告时,应该关注以下几个方面,以更全面、深刻地了解财务风险的趋势和展望。

市场环境的变化是企业财务风险报告的关键内容之一。对宏观经济状况、行业发展趋势、市场竞争态势等进行深入分析,有助于洞察企业所处的外部环境变化对财务状况的影响。关注市场趋势,可以更好地把握市场机遇,规避潜在的市场风险。

财务指标的长期趋势分析是风险报告的核心。通过对企业历史财务数据的深入研究,可以识别出财务指标的长期趋势。这有助于发现财务状况中的问题和潜在风险,为制定长期风险管理策略提供依据。特别关注财务健康指标、盈利能力和偿债能力等方面的趋势,有助于提前预判潜在风险。

外部因素对企业财务风险的影响也是重要的分析维度。政策法规的变化、汇率波动、原材料价格的波动等外部因素都可能对企业财务状况产生直接或间接的影响。通过对外部因素的全面评估,企业可以更好地把握外部环境的变化,及时调整财务策略,降低外部风险的影响。

关注内部控制的效力也是财务风险报告的重要内容。内部控制体系的稳定性和有效性对于降低企业财务风险至关重要。通过对内部控制体系的长期趋势进行分析,可以发现潜在的内部风险和不足之处,为进一步完善内部控制提供指导。

未来发展的趋势和预测也是财务风险报告应关注的方向。通过对行业未来发展、市场趋势和国家政策的分析,企业可以更好地预判未来可能出现的风险和机遇。这有助于企业制定长远的战略规划,提前做好应对未来风险的准备。

企业财务风险报告的编制需要关注市场环境、财务指标的长期趋势、外部因素的影响、内部控制体系的效力和未来发展趋势等方面。通过对这些方面的全面分析,企业可以更好地了解财务风险的趋势和展望,为科学决策和风险管理提供有力支持。

第四节 企业财务风险评估的评估框架与实际应用

一、企业财务风险评估框架与方法回顾

(一) 企业财务风险评估框架

企业财务风险评估框架是一种有序的结构,用于系统性地分析和评估企业在财务层面

所面临的各种潜在风险。财务风险评估的方法与框架在过去的研究中得到了广泛的讨论和应用。这些方法和框架的回顾有助于我们更好地理解如何有效地评估企业的财务风险。

在财务风险评估框架方面，研究者们通常关注企业的负债结构、盈利能力、现金流等关键指标。这些框架有助于形成对企业整体财务状况的综合认识。一些细化的框架也关注了行业特定的风险因素，例如对金融行业、制造业等的专业性评估。这样的框架有助于更具针对性地解析不同行业所面临的财务风险。

财务风险评估的方法涵盖了多个层面。传统的财务比率分析是其中的一种主要方法，通过计算利润率、偿债能力比率、流动比率等指标，评估企业的盈利能力和偿债能力。财务模型的建立和应用也是一种常见的方法，通过建立财务模型，可以更加深入地分析企业的财务状况，并模拟不同风险因素对企业的影响。

在过去的研究中，风险管理框架也成为财务风险评估的关键组成部分。这些框架包括了对市场风险、信用风险、流动性风险等方面的全面考量。市场风险的评估通常包括对行业和宏观经济环境的分析，以及对市场价格波动的敏感性分析。信用风险的评估则关注对客户和合作伙伴的信用状况评估。流动性风险的评估主要聚焦在企业现金流的管理和应对措施上。

除了传统的财务指标和风险管理框架，近年来，数据科学和技术的发展也为财务风险评估提供了新的方法。基于大数据的风险预测模型、人工智能技术在风险分析中的应用等成为研究的热点。这些方法通过更全面、实时地分析企业数据，提供了更灵活、精准的风险评估手段。

企业财务风险评估框架和方法的研究已经取得了显著的进展。这些框架和方法从不同角度、层面对企业的财务状况和风险进行了全面的分析。未来的研究方向可能包括更深入的跨学科研究，结合金融、经济学、数据科学等领域的知识，进一步提升财务风险评估的准确性和实用性。

（二）评估方法回顾

1. 定性与定量方法

企业财务风险评估是一项复杂而关键的任务，需要综合运用定性和定量方法构建全面而可靠的评估框架。定性方法通过深入分析公司的内部和外部环境，识别潜在的风险因素；揭示与财务健康相关的关键问题。这种方法的优势在于其对于财务风险的全面把握，能够捕捉到隐藏在数据之下的潜在问题。

定性方法在信息获取方面存在一定的主观性和局限性。为了弥补这些不足，定量方法通过利用数学模型和统计工具来量化风险，使评估更具客观性。通过财务比率分析、偿债能力指标等定量工具，我们能够更准确地衡量企业的财务状况，并识别潜在的风险信号。

纯粹依赖定量方法也有其局限性。财务数据虽然能够提供丰富的信息，但却无法解释潜在的业务风险和市场变化。因此，定性方法的综合运用成为构建全面财务风险评估框架的必然选择。

在过去的研究中，学者们普遍倾向于将定性和定量方法结合起来，构建更为全面的财务风险评估框架。定性方法为定量方法提供了背景和前提，帮助研究人员更好地理解财务数据背后的故事。而定量方法为定性分析提供了客观的支持和验证，提高了评估的准确性和可信度。

定性与定量方法的综合运用构建了一个更为全面和可靠的企业财务风险评估框架。这种综合方法能够克服各自方法的局限性，更全面地捕捉和理解企业面临的财务风险，为决策者提供更为可靠的信息支持。未来的研究可以进一步探索不同行业和企业规模下的财务风险评估方法，以满足多样化的实际需求。

2. 过去研究中使用的方法

企业财务风险评估在过去的研究中采用了多种方法和框架。早期研究主要侧重于财务比率分析，通过分析企业的财务报表，识别其偿债能力、盈利能力和支付能力等方面的风险。随着研究的深入，学者们逐渐引入了统计模型，如多元回归分析，以定量化各种财务因素对企业财务风险的影响。

在框架层面，一些研究采用了整合性的方法，将财务风险评估融入企业综合风险管理体系中；还有一些研究关注了企业财务报告的信息披露，将信息透明度作为评估财务风险的重要因素之一，从而更准确地揭示企业的财务状况。

近年来，随着大数据和技术的发展，一些研究开始探索利用数据挖掘和机器学习技术进行财务风险评估。这些方法能够从大规模的数据中挖掘潜在的风险信号，提高财务风险评估的准确性和效率。一些研究也将社会和环境因素纳入财务风险评估的考虑范围，认识到企业的社会责任和环境影响也可能对其财务稳定性产生重要影响。

过去的研究在企业财务风险评估领域取得了显著进展。不同的方法和框架为企业提供了多维度、多角度的财务风险识别手段，有助于企业更好地应对不断变化的市场环境。随着时代的变迁，对于财务风险评估方法的不断完善和创新仍然是未来研究的重要方向。

二、企业财务风险评估的实际应用

（一）财务风险评估结果展示

企业财务风险评估结果的展示对于管理层和利益相关者具有关键的实际应用价值。通过细致入微地分析和呈现评估结果，可以为企业提供清晰的指引，帮助其更好地应对潜在的财务风险。

评估结果首先需要注重对关键财务指标的详尽分析。这包括财务比率、偿债能力、盈利能力等多方面的指标。对这些指标的深入挖掘能够揭示企业财务健康的全貌，有助于管理层更好地了解企业的经营状况。

财务风险评估结果的展示需要注重风险因素的识别和分类。通过细致的分析，可以将潜在的风险分为市场风险、信用风险、流动性风险等不同类别，使得企业能够更有针对性地采取相应的风险管理措施。

除了风险的分类，还需要对每一项风险因素的可能影响进行详尽的说明。这种详实的说明有助于管理层更好地理解风险的本质，为其在制定风险管理策略时提供更为明晰的方向。

评估结果的展示需要充分利用图表和图形等可视化手段，以提高信息传递的效果。通过直观的可视化呈现，不仅可以减轻复杂信息的理解难度，还能够更生动地展示不同指标和风险因素之间的关联关系，从而更好地引导决策者的注意力。

财务风险评估结果的实际应用还包括制定具体的风险管理计划。通过对评估结果的深入理解，管理层能够有针对性地制定风险规避、转移、接受或控制的策略，以降低潜在的不确定性对企业经营的影响。

财务风险评估结果的实际应用还需要注重持续监测和更新。企业经营环境和市场条件时刻都在发生变化，因此，财务风险评估结果需要及时更新，以确保其始终能够反映企业最新的财务状况和风险情况。这种持续监测的实践有助于企业更灵活地应对变化的市场和经济环境。

财务风险评估结果的实际应用是一个动态而系统的过程。通过深入分析关键指标、分类识别风险、翔实说明潜在影响、可视化展示信息、制定风险管理计划以及持续监测和更新，企业能够更全面、更深入地理解其财务状况和面临的风险，从而更加有信心地制定战略和决策。

（二）实际应用的关键问题与挑战

企业财务风险评估在实际应用中面临着一系列关键问题与挑战。信息不对称问题是企业财务风险评估的核心挑战之一。企业内部信息和外部信息之间的不对称性可能导致投资者和利益相关方对企业财务状况的理解存在误差，从而影响风险评估的准确性。企业可能会采取各种手段来操纵财务数据，使其呈现出更为乐观的状态，这也增加了风险评估的难度。

市场不确定性是实际应用中不可忽视的挑战。市场环境的变化可能导致企业面临不同的财务风险，但这种不确定性往往难以预测。金融市场的波动、宏观经济政策的调整以及国际市场的不确定性都可能对企业的财务状况产生深远影响，使得风险评估在这样的背景下更加复杂。

技术和数据挖掘方面的限制也是企业财务风险评估实际应用中的挑战之一。虽然大数据和机器学习等技术在财务风险评估中展现出巨大潜力，但是数据质量和数据可用性仍然是制约其应用的关键问题。部分企业缺乏完整、准确的数据，使得模型训练和评估的可靠性受到威胁。

监管环境的变化也对企业财务风险评估提出了新的挑战。不同国家和地区的监管标准存在差异，企业需要同时满足多种监管要求，这使得风险评估过程更加繁琐。

社会和环境因素的引入也对企业财务风险评估提出了新的考验。随着社会对企业社会责任的关注不断增加，企业不仅需要考虑财务层面的风险，还需要关注与环境、社会相关的风险,这使得财务风险评估更加复杂和全面。

企业财务风险评估在实际应用中面临众多关键问题与挑战。解决这些问题需要综合运用财务管理、技术创新以及对市场和监管环境的敏锐洞察力,以确保风险评估能够更加准确、全面地反映企业的实际财务状况和面临的风险。

第四章 企业财务风险管理策略与方法

第一节 企业财务风险管理策略

一、企业财务风险管理概述

（一）财务风险的特征与分类

企业财务风险具有多重特征和广泛的分类。财务风险的特征主要包括不确定性、复杂性、动态性以及与外部环境的紧密联系。这些特征使得财务风险不可避免地融入企业运营的方方面面。

财务风险具有不确定性。市场、经济和政策因素的变化使得企业面临各种不确定性，这种不确定性直接影响财务状况。企业在决策和规划过程中，需要认识到财务风险的不确定性，以便更灵活地调整战略和决策。

财务风险具有复杂性。企业经营活动涉及众多因素的相互作用，这些因素的复杂性使得财务风险的分析和管理变得十分复杂。不同部门、不同市场、不同业务环境的复杂性相互交织，使得企业需要建立更为全面和系统的财务风险管理机制。

财务风险的第三个特征是动态性。财务环境不断变化，因此财务风险也是一个动态的过程。企业需要时刻关注市场、经济和行业的变化，及时调整财务战略和措施，以适应不断变化的外部环境。

与财务风险的特征紧密相关的是其多方面的分类。市场风险是一类主要涉及市场因素的财务风险，包括汇率波动、股票价格波动等。市场风险的管理需要企业更加敏锐地洞察市场动向，采取适当的对冲和避险策略。

信用风险是企业面临的另一主要财务风险。信用风险涉及到客户或合作伙伴无法按时履行合同、债务违约等问题。有效的信用风险管理需要建立健全的客户评估和信用监控机制。

流动性风险也是企业需要关注的财务风险之一。流动性风险涉及企业无法及时偿还短期债务，从而导致经营困难。企业需要谨慎管理资金流动，确保足够的流动性来应对不可预见的挑战。

操作风险和法律风险也是企业财务风险的两个重要方面。操作风险包括由于内部过程、系统或人为错误而导致的潜在损失，而法律风险涉及到合规性、法规变化等因素。对于这两种风险，企业需要建立有效的内部控制和法律团队，以最小化潜在的风险。

企业财务风险在其不确定性、复杂性、动态性的特征下，涵盖了多个方面的风险分类。有效的财务风险管理需要企业全面了解这些风险的本质，并采取相应的战略和措施，以保障企业的财务稳健和可持续经营。

(二) 财务风险管理框架

1. 理论模型回顾

企业财务风险管理理论模型的回顾是对过去研究进展的梳理，关于这一领域的理论模型涵盖了多个层面。传统的财务风险管理理论主要聚焦在财务比率和财务报表分析上，通过审慎地评估企业的偿债能力、盈利能力以及流动性等财务指标，以识别和评估潜在的风险。这种基于财务数据的模型为企业提供了一个全面而直观的财务风险识别框架。

随着全球经济环境的复杂性增加，财务风险管理的理论模型也在不断演进。整合型的财务风险管理模型逐渐崭露头角，将财务风险与市场风险、操作风险以及战略风险等综合考虑，形成了更为全面的风险管理视角。

在理论模型的演进中，一些学者逐渐引入了实证模型，运用统计学和计量经济学方法，通过分析历史数据来建立风险管理模型。这种模型能够更具客观性地揭示不同因素对企业财务风险的影响，有助于提高财务风险管理的科学性和实用性。一些研究也关注了企业信息披露的影响，认为信息透明度是财务风险管理的重要因素之一，对投资者和利益相关方形成正面影响。

随着大数据和先进技术的迅猛发展，一些新兴的财务风险管理理论模型开始探索数据挖掘、机器学习和人工智能等技术的应用。这些模型通过分析海量数据，挖掘隐藏在数据中的规律和趋势，使企业能够更快速、更准确地响应潜在的财务风险。这种基于技术创新的模型在应对复杂、快速变化的市场环境中展现出独特的优势。

企业财务风险管理的理论模型经历了从传统财务比率分析到整合型综合考虑多因素的模型，再到运用统计学和技术创新的实证模型的演变过程。这一演变反映了财务风险管理理论与实践的不断深化和拓展。随着全球经济的不断变化，财务风险管理理论模型将继续受到新技术、新理念的影响，以更好地应对不断变化的市场环境。

2. 相关研究与实践

企业财务风险管理作为一门综合性的管理学科，不仅涉及到财务领域的专业知识，更需要企业在实践中通过多方面的研究和实践进行不断的总结和提升。相关研究与实践表明，企业财务风险管理的概念和方法在不同行业和背景下都存在一些普适性的特征和规律。

研究表明企业财务风险管理不仅仅是对财务数据的监控和分析，更是一个全面的、系统性的过程。企业需要在财务风险的识别、评估、应对和监控等方面建立一套完整的管理体系。这包括了从内部控制、财务规划到外部市场环境的分析，形成一个相互关联、相互支持的财务风险管理网络。

实践中发现，企业财务风险管理需要跨足不同层面和领域。除了对企业内部财务状况的管理，还需要考虑外部环境的不确定性和变化。这就要求企业在财务风险管理中既要注重内部的细节和细致，同时也需要对宏观经济、政策法规等外部因素进行深刻的把握。

在实际应用中，研究发现企业财务风险管理需要强调灵活性和实时性。由于市场的不断变化和竞争的激烈性，企业需要能够随时调整其财务风险管理策略，以适应不同阶段的经济环境。这就要求企业在财务风险管理中注重信息的及时更新和灵活运用，以便更好地应对市场的挑战。

实践中的研究还强调了风险管理的参与性。不同层级和部门的员工都应当参与到企业财务风险管理中来。这不仅可以更好地发挥集体智慧，也能够提高员工对财务风险的敏感性和主动性。企业需要建立一个全员参与的财务风险管理文化，使得每个员工都能够在其日常工作中对潜在的财务风险有所警觉。

相关研究也表明，技术手段在企业财务风险管理中的作用不可忽视。随着信息技术的不断发展，企业可以通过大数据分析、人工智能等技术手段更加精准地识别和评估财务风险。技术的应用不仅能够提高财务风险管理的效率，还能够为企业提供更准确的决策支持。

研究发现企业财务风险管理需要不断创新和适应变化。由于市场和经济环境的动态性，企业财务风险管理的方法和工具需要与时俱进。企业需要不断关注新的风险因素的出现，灵活调整财务风险管理策略，以确保企业在竞争中始终保持稳健的财务状况。

企业财务风险管理是一个综合性、全局性的管理过程，需要企业在实践中通过跨足不同层面和领域，注重灵活性和实时性，强调参与性，充分利用技术手段，并不断创新和适应变化。通过深入研究和实践，企业能够更好地应对财务风险，提高经济运行的稳健性和可持续性。

二、企业财务风险管理策略的制定

（一）目标设定与优先级

企业在制定财务风险管理策略时，首要任务是明确目标和设定优先级。目标的设定应该既考虑到企业的长期战略，也要兼顾应对短期风险。在明确目标的基础上，企业需对不同财务风险进行优先级排序，以确保资源的有效利用和风险管理的高效实施。

在目标设定方面，企业首先需要确立财务健康和可持续发展为主要目标。这包括保障企业的稳健财务状况，确保持续的盈利能力，并为未来的投资和扩张提供足够的资金支持。企业还应设定具体的风险控制目标，如降低市场波动带来的风险、规避信用违约的风险、确保流动性的充足等。

在设定目标的企业需要根据其所处行业、市场地位以及业务特点等方面的不同，调整和确定不同财务风险的优先级。例如，如果企业主要依赖进口原材料，那么可能需要将汇率波动等市场风险放在相对较高的优先级，以应对外汇风险对盈利的直接影响。又如，对于以信贷业务为主的企业，信用风险的管理可能会被置于较高的优先级，以确保资金回笼的安全性。

一旦目标设定和优先级排序完成，企业便可以制定相应的财务风险管理策略。在市场风险方面，企业可能选择采取对冲工具来规避汇率和股票价格波动的风险，例如期货合约或金融衍生品。对于信用风险，企业可以建立健全的客户信用评估机制，以及建立信用保险来规避潜在的违约风险。在流动性风险方面，企业需要制定合理的资金管理政策，确保在短期内能够满足日常运营和偿还债务的需要。

企业还需要注重操作风险和法律风险的管理。在操作风险方面，建立内部控制体系，加强员工培训，以减少人为错误的发生。在法律风险方面，企业需要建立法务团队，及时了解并遵守相关法规，以规避法律纠纷带来的财务损失。

企业在财务风险管理策略的制定中，需要明确具体的目标和设定优先级，以便更有针对性地应对不同类型的风险。通过科学合理的目标设定和优先级排序，企业可以更有效地配置资源，制定切实可行的财务风险管理策略，从而确保企业的财务健康和可持续经营。

(二) 财务风险管理框架的选择

企业在财务风险管理框架的选择和策略制定方面面临多种考量。一种常见的财务风险管理框架是基于财务比率和财务报表的传统方法，通过深入分析企业的偿债能力、盈利能力以及流动性等财务指标，以识别潜在的风险。这种框架注重财务数据的客观分析，为企业提供了一个全面而直观的财务风险评估工具。

随着全球经济环境的不断变化，传统的财务风险管理框架逐渐显露出其局限性。这种框架认识到财务风险并非孤立存在，而是与企业的整体经营环境密切相关，需要综合考虑多个因素的影响，以更全面地理解和管理风险。

在框架选择的企业在制定财务风险管理策略时也需面对市场不确定性的挑战。财务风险管理策略需要灵活应对不同的市场环境，包括金融市场波动、宏观经济政策调整以及国际市场的不确定性。因此，企业在制定策略时需要考虑各种可能的市场情景，以确保策略的适应性和灵活性。

在技术和数据挖掘方面，一些企业将先进技术纳入财务风险管理策略的制定中。数据挖掘、机器学习和人工智能等技术能够分析大规模数据，挖掘隐藏的风险信号，提高风险评估的准确性。这种基于技术的风险管理策略在处理大量信息和复杂模型时具有独特的优势，有助于企业更及时地发现和应对潜在的财务风险。

监管环境的变化也对财务风险管理策略的制定提出了新的要求。企业需要了解并遵守不同国家和地区的监管标准，确保财务风险管理策略符合法规的要求。随着监管政策的调整，企业还需灵活调整财务风险管理策略，以适应新的法规要求。

社会和环境因素的引入也对企业财务风险管理策略提出了新的考验。企业需要关注社会责任和环境影响，并将其纳入财务风险管理的考虑范围。这种综合考虑社会和环境因素的策略有助于企业更全面地管理潜在的风险，提高企业的可持续性。

企业在财务风险管理框架的选择和策略制定方面需综合考虑传统方法、整合型框架、技术创新以及监管和社会因素。在不断变化的市场环境中，灵活性和适应性是制定有效财务风险管理策略的关键。只有综合考虑多方面因素，企业才能更好地应对复杂多变的财务风险。

（三）策略的具体制定

企业财务风险管理策略的制定是一个综合性而深入的过程，需考虑多方面因素。企业应对自身的财务状况有清晰的认识，深入了解内外部环境带来的各种潜在风险。企业需要制定明确的财务目标，确保财务风险管理策略与企业整体战略相一致。建立高效的内部控制体系，加强团队沟通与协作，提高员工的财务风险意识。

在制定策略时，企业需要关注财务风险的识别和分类。通过对各类风险的深入分析，企业能够更准确地评估潜在风险的严重程度和可能发生的概率。根据财务风险的不同性质，采取相应的对策，提高企业在不同风险面前的抗风险能力。

企业在制定财务风险管理策略时，需要重视风险的预测和监测。通过建立有效的风险监测体系，企业能及时感知到财务状况的变化和潜在的风险信号。这要求企业在信息技术方面进行投资，充分利用先进的数据分析和预测模型，提高对市场和经济环境的敏感性。

在具体制定策略时，企业需灵活运用各种金融工具和方法。例如，通过差异化的融资结构、货币风险管理工具以及投资组合的优化配置，企业能够更好地降低财务风险的影响。对于不同类型的财务风险，企业还可以采取保险、套期保值等多元化的手段，形成更为全面的财务风险管理策略。

企业在财务风险管理策略的制定中，还需关注市场风险和信用风险。市场风险包括利率风险、汇率风险等，企业需要通过利用金融市场工具来降低这些风险的不确定性。对于信用风险，企业则需要建立健全的客户信用评估体系，确保在交易中能够及时识别和应对潜在的信用风险。

在制定财务风险管理策略时，企业还需强化与外部合作伙伴的沟通与合作。通过建立良好的供应链和销售渠道，企业能够更好地分享风险信息，共同应对潜在的财务风险。积极参与行业协会和政府机构，获取最新的行业信息和政策动向，为企业的财务风险管理提供更为全面的信息支持。

企业在财务风险管理策略的制定中，需要注重战略的长期性。财务风险是一个长期存在的问题，企业需要制定具有持续性的财务风险管理策略，确保企业在未来的发展中能够更好地应对财务风险的挑战。这要求企业在战略制定过程中，既要关注眼前的问题，也要考虑到未来的长远发展，以确保财务风险管理策略的有效性和可持续性。

第二节 企业财务风险管理方法与工具

一、企业财务风险管理方法

(一) 企业财务风险管理的背景

企业在全球化、竞争激烈的市场环境中，面临着日益复杂和多样化的财务风险。这些财务风险来自于多方面的因素，包括市场波动、信用违约、流动性压力等。在这样的背景下，企业财务风险管理成为保障企业可持续经营和发展的关键要素。

全球化的市场环境使得企业面对着更加多元和复杂的市场因素，其中包括汇率波动、商品价格波动等。这些市场因素的不确定性给企业的财务状况带来了更大的波动，从而增加了企业面临的市场风险。因此，企业需要制定有效的财务风险管理策略，以规避和减轻市场波动对其经营的不利影响。

信用风险也是企业在经营中必须面对的挑战之一。在商业交易中，企业往往与多个合作伙伴打交道，而合作伙伴的信用状况直接关系到企业的资金回笼和经营的稳健性。合作伙伴的信用违约可能导致企业遭受重大损失，因此，建立健全的信用风险管理机制成为企业保障经济利益的必要手段。

流动性风险也逐渐成为企业财务管理中的一个突出问题。企业在运营中需要随时满足各项支付和投资需求，而流动性风险则源自企业无法及时筹措到足够的流动性资金。尤其是在经济不确定性增加的背景下，流动性风险的管理变得尤为关键。

与此操作风险和法律风险也日益成为企业面临的财务挑战。操作风险涉及到企业内部管理、流程和系统方面的问题，而法律风险则与法规变化、合规性等有关。这两类风险的不合理管理可能导致企业陷入法律诉讼，又或者由于内部操作失误而引发潜在的财务损失。

在这一背景下，企业财务风险管理变得愈加重要。有效的财务风险管理不仅可以帮助企业规避潜在的财务损失，还能够提高企业对市场变化的适应能力，增强其经济韧性。因此，建立科学合理的财务风险管理体系，成为企业迎接市场挑战、确保可持续发展的必然选择。

在本论文中，将深入探讨企业财务风险管理的核心理念、具体方法以及面临的挑战。通过对财务风险管理的全面了解，有助于企业更好地应对复杂多变的市场环境，保障企业在经济波动中保持稳健和可持续的发展。

(二) 财务风险评估方法

1. 比率分析

企业财务风险管理方法中，比率分析作为一种传统而有效的手段，被广泛应用于企业的财务风险评估。比率分析基于财务报表中的各项比率指标，通过对企业的财务状况、盈利能力和偿债能力等方面进行深入分析，以揭示其潜在的财务风险。

比率分析的核心思想在于通过计算不同财务比率，如流动比率、速动比率、负债比率等，来全面了解企业的财务状况。这种方法强调财务数据之间的相互关系，使得管理层能够更清晰地了解企业的运营和财务状况。例如，流动比率反映了企业短期偿债能力，速动比率则更为强调企业在清偿短期债务时的灵活性，而负债比率则揭示了企业负债相对于资产的比重。

通过比率分析，企业可以及时察觉潜在的财务问题。例如，如果流动比率过低，可能表明企业在短期内难以清偿债务，从而暴露出财务风险。同样，负债比率过高可能意味着企业负债过多，增加了财务杠杆，进而增加了偿债风险。

比率分析有助于企业进行横向和纵向的对比。横向比较可以将企业与同行业竞争对手进行比较，从而了解企业在行业中的相对地位。纵向比较则使企业能够观察同一企业在不同时间点的变化趋势，揭示其财务状况的演变。这种对比分析有助于企业更全面地了解自身的财务状况，并制定相应的财务风险管理策略。

尽管比率分析在财务风险管理中具有明显的优势，但也存在一些限制。比率分析过度依赖历史数据，可能无法准确反映当前市场环境的变化。比率分析忽略了一些非财务因素，如市场趋势、竞争压力和管理层决策等，这可能导致对潜在风险的忽视。因此，企业在使用比率分析时，需结合其他财务管理方法，以形成更全面、准确的风险评估体系。

比率分析作为企业财务风险管理方法的重要组成部分，通过深入剖析企业的财务数据，为管理层提供了有效的决策支持。在实际应用中，企业仍需谨慎使用比率分析，充分认识其局限性，并结合其他财务管理手段，以更全面、全局地管理财务风险。

2. 现金流分析

企业财务风险管理的方法中，现金流分析是一种重要而直接的手段。通过对企业现金流的深入分析，可以更准确地评估企业的财务状况和风险水平。现金流分析有助于揭示企业的经营稳定性。通过对现金流的周期性和波动性进行分析，可以了解企业在短期内是否能够保持足够的流动性。

现金流分析还可以用于发现企业的资金缺口和流动性风险。通过比较经营活动产生的现金流和负债的到期日，可以发现企业是否面临到期债务的风险。

现金流分析还有助于评估企业的投资和融资决策。通过对现金流的来源和去向进行追踪，企业可以更好地了解自身的投资项目是否切实可行，以及在融资活动中是否存在潜在的风险。在现金流分析中，企业还应该关注现金的净流入和净流出。通过综合考虑经营活动、投资活动和融资活动的现金流，可以更全面地了解企业整体的现金状况。现金流分析还应关注不同货币环境下的汇率风险。

现金流分析是企业财务风险管理中一种重要的方法，通过深入了解和分析企业的现金流状况，可以更准确地评估企业的经营和财务风险。通过对经营活动、投资活动和融资活动的现金流进行全面分析，企业可以更好地把握自身的财务状况，从而制定更有效的财务风险管理策略。

二、企业财务风险管理工具

(一) 财务风险识别工具

企业在财务风险管理中使用多种工具来帮助识别潜在的风险。这些工具在不同层面和领域发挥作用,为企业提供全面的财务风险识别支持。

财务比率分析是一种常用的工具,通过对企业财务报表中的各项指标进行计算和比较,帮助企业全面了解其财务状况。常见的财务比率包括流动比率、速动比率、负债比率等,这些比率能够揭示企业的偿债能力、盈利能力以及财务稳健性,从而有助于识别潜在的财务风险。

风险评估模型是另一种重要的工具,通过构建数学模型和统计分析来量化风险。这种工具可以帮助企业更准确地测量各类财务风险,例如市场风险、信用风险等。通过建立合理的风险评估模型,企业能够在更科学的基础上识别潜在的风险,并制定相应的风险管理策略。

敏感性分析也是一种常用的财务风险识别工具。通过对关键财务变量进行敏感性测试,企业可以了解这些变量对财务绩效的影响程度。这有助于企业识别对经营状况影响较大的因素,及时调整策略以降低潜在风险。

除此之外,趋势分析也是一种有效的财务风险识别工具。通过对历史财务数据的分析,企业可以识别出潜在的趋势和模式,从而更好地预测未来可能面临的财务风险。趋势分析有助于企业提前发现财务问题,采取及时有效的措施,避免潜在风险进一步扩大。

SWOT分析也常被用于财务风险管理。通过对企业的优势、劣势、机会和威胁进行全面评估,企业可以更好地了解自身的内外部环境,从而识别可能影响财务稳健性的关键因素。SWOT分析为企业提供了深刻的战略洞察,有助于明确财务风险管理的重点和方向。

企业在财务风险管理中需要借助多种工具来全面识别潜在的风险。财务比率分析、风险评估模型、敏感性分析、趋势分析和SWOT分析等工具的综合运用,有助于企业更准确地把握其财务状况,及时发现并应对潜在的财务风险,保障企业经营的稳健性和可持续性。

(二) 财务风险评估工具

企业财务风险管理工具在当今复杂多变的商业环境中扮演着至关重要的角色。这些工具旨在帮助企业全面了解、评估和应对潜在的财务风险,以确保其财务健康和稳定。其中一种主要的财务风险评估工具是财务比率分析。

财务比率分析以企业的财务报表为基础,通过计算和对比各种财务指标,如流动比率、速动比率、负债比率等,来揭示企业的财务状况。这种工具的优势在于它能够提供直观、定量的财务信息,帮助企业及时识别偿债、盈利和流动性等方面的风险。财务比率分析也存在一些局限性,比如对历史数据的依赖性较强,难以预测未来市场的变化。

除了传统的财务比率分析，企业还可以借助技术创新应用现代工具来加强财务风险管理。数据挖掘和机器学习技术是其中的代表，它们能够处理大量数据并挖掘出潜在的风险信号。这种技术驱动的方法使企业能够更迅速、更准确地发现潜在的财务风险，有助于提高预警和应对的效率。这些技术也对数据质量和隐私问题提出了一系列新的挑战，需要企业在使用时保持谨慎。

企业财务风险管理工具还包括整合型的财务风险管理框架。通过整合各类风险因素，企业能够形成更为全面的风险评估视角，提高风险管理的精细度。这种框架需要企业具备更高层次的战略视野和系统思维，以有效整合各类信息。

在财务风险管理工具中，信息披露也是一种重要的手段。企业通过透明、及时地向外界披露财务信息，可以增加投资者和利益相关方对企业财务状况的信任度，降低不确定性，有助于维护企业声誉和稳定股价。信息披露也存在可能引发市场过度反应的风险，企业需要在信息披露时平衡透明度和合理性。

企业还可以通过参与金融衍生品市场来进行财务风险管理。衍生品工具如期货和期权等可以帮助企业对冲汇率风险、利率风险等，降低财务波动性。这种工具的使用需要谨慎，因为金融衍生品市场本身也存在风险，而且对市场趋势的准确预测要求企业具备相当的专业知识。

企业财务风险管理工具包括了多种方法和手段，从传统的财务比率分析到现代的数据挖掘技术，再到整合型的财务风险管理框架和金融衍生品的运用。企业需要根据自身情况、行业特性和市场环境选择适合的工具，以形成更为有效和全面的财务风险管理策略。

（三）财务风险监测与报告工具

企业财务风险管理工具中的财务风险监测与报告工具，是帮助企业实时监测和报告财务风险的关键元素。这类工具通过整合多方面的财务数据，运用先进的技术手段进行分析，从而帮助企业迅速识别潜在的风险并采取相应的措施。财务风险监测与报告工具需要具备数据整合的能力。通过从不同业务部门和财务系统中收集数据，这类工具能够将企业内外部的财务信息整合为一个全面的数据集。这类工具需具备强大的分析能力。通过应用数据挖掘、机器学习等技术手段，工具能够深入挖掘数据中的潜在规律和关联，为企业提供更深层次的财务风险分析。财务风险监测与报告工具还需要关注实时性。通过对实时数据的监测，企业可以及时发现潜在的风险信号，从而更快速地作出反应。

工具还应具备用户友好的界面和操作体验，以方便企业管理层和财务人员使用。财务风险监测与报告工具的设计需要兼顾全局和局部。全局视角能够帮助企业管理层把握整体的财务状况和风险水平，而局部视角则能够更具体地关注某一业务领域或项目的财务风险。工具还需具备报告生成的功能。通过自动生成财务风险报告，企业可以直观地了解关键指标和潜在风险，为决策提供有力支持。

财务风险监测与报告工具应当具备自动化的预警机制。通过设定合理的阈值和警戒线，工具能够在财务风险超出可接受范围时自动发出警报，帮助企业及时采取措施防范风险。财务风险监测与报告工具需要具有灵活性和可扩展性。企业的财务环境和业务模式可能随时发生变化，工具应当能够灵活调整监测指标和分析模型，以适应不同情境。

财务风险监测与报告工具在企业财务风险管理中发挥着关键作用。通过整合数据、强大的分析能力、实时性、用户友好的界面、全局和局部视角、报告生成、预警机制以及灵活可扩展的特性，这类工具帮助企业更全面、更及时地了解和管理财务风险，从而保障企业的财务稳健运营。

第三节 企业财务风险转移与保险管理

一、企业财务风险转移概述

（一）企业财务风险转移方式

企业在面对财务风险时，采取财务风险转移方式是一种常见的策略。财务风险转移旨在通过外部手段，将潜在的财务损失或不确定性转移到其他方，以降低企业自身承担风险的压力。

一种主要的财务风险转移方式是保险。企业可以购买各类保险产品，覆盖范围包括财产险、责任险、信用保险等。通过保险合同，企业将特定风险的经济责任转移给保险公司，一旦发生事故或损失，保险公司将承担相应的经济赔偿责任。这种方式可以有效地降低企业因风险事件而面临的财务损失，提高企业对外部不确定性的抵御能力。

另一种财务风险转移的方式是金融工具的使用。例如，企业可以采用期货合约、期权合约等金融衍生品来对冲市场风险。通过这些工具，企业可以锁定特定的汇率、商品价格等，降低市场波动对其盈利的影响。企业还可以使用债务工具，通过融资来分散资金压力，确保流动性的稳定。这种方式通过金融工具的巧妙运用，使企业能够更好地管理和转移财务风险。

与此合同的设计和条款也是财务风险转移的一个重要手段。企业在与合作伙伴、客户、供应商等进行商业合作时，可以通过合同的方式明确风险的分担责任。通过在合同中规定相应的风险责任和赔偿条款，企业能够将一部分财务风险合理地转移给合作伙伴，降低企业自身的风险承担。

多元化投资也是企业财务风险转移的一种策略。通过将资金投资于不同行业、不同地区、不同资产类别等多元化的投资组合中，企业可以降低单一投资的风险，提高整体投资组合的抗风险能力。这种方式能够在一个特定领域面临困难时，通过其他领域的盈利来弥补亏损，实现财务风险的有效转移。

企业财务风险转移是一种重要的风险管理策略。通过采用保险、金融工具、合同设计和多元化投资等方式，企业能够更好地转移潜在的财务风险，降低自身财务损失的可能性，确保经营的稳健性和可持续性。这些财务风险转移方式的巧妙运用，有助于企业更有效地应对复杂多变的市场环境，保障财务健康和可持续经营。

（二）财务风险转移的理论基础

1. 风险分散与转移理论

风险分散与转移理论在财务领域中是一种关键的理论基础，旨在帮助企业有效管理和减轻潜在的财务风险。该理论认为，通过将财务风险分散或转移给其他实体或市场，企业能够降低单一风险的影响，提高整体的财务稳定性。

风险分散是指企业通过将资金投资于多种不同的资产、项目或市场，以降低特定资产或投资组合的风险。这种方法基于"不将所有鸡蛋放在同一个篮子里"的理念，通过分散投资组合，企业可以在某一资产或市场遭受损失时，其他部分的收益能够部分或完全弥补亏损，降低整体的财务风险。

与风险分散相伴的是风险转移，这一理念强调通过购买保险、使用金融衍生品等方式，将部分或全部的财务风险转移到其他机构或市场。企业在购买保险时将特定风险的责任转移给保险公司，而金融衍生品则可以帮助企业对冲货币、利率、商品价格等多种风险。风险转移通过外部机构来承担一部分风险，使企业在面对不确定性时能够更为灵活和抗风险。

另一个重要的风险转移方式是借助金融市场上的风险转移工具，如期货和期权。通过这些工具，企业可以在市场上买卖风险合约，以规避特定的市场风险。期货合约可以用于锁定未来的价格，从而降低商品价格波动带来的不确定性。期权合约则赋予企业在未来特定时期内购买或出售资产的权利，使其能够更灵活地应对市场波动。

风险分散与转移理论的核心观点是多样性和灵活性。通过分散风险，企业能够避免过度依赖某一特定资产或市场，减轻不利影响。而通过风险转移，企业能够将某些风险责任转移给其他机构，有效利用外部资源来管理风险。这种理论基础的运用不仅要求企业深入理解其所面临的各类风险，还需要对多种财务工具和市场机制有深刻的了解。

风险分散与转移并非没有挑战。在实际操作中，企业需要在风险分散的过程中平衡各类资产的风险收益特性，以避免分散效果不佳。风险转移的成功也依赖于对外部机构的信任和对市场的准确判断，而这也可能受到外部环境变化的影响。

风险分散与转移理论为企业提供了有力的工具和思路，使其能够更灵活地应对财务风险。通过理性的分散和转移策略，企业能够在不断变化的市场环境中更好地保持财务稳健性，提高整体的抗风险能力。

2. 财务合同的法律框架

财务合同的法律框架是构建财务风险转移的重要基石。在法律层面，财务合同的法律框架主要涉及到合同的成立、履行、变更和解决争议等方面。财务合同的法律框架强调合同的自由原则，即合同的成立应基于自愿和平等的原则，各方在交易中应当遵循合法、公平、公正的原则。法律框架强调合同的明确性和完整性，即合同应当具有明确的权利和义务，各方应当遵守合同的约定。财务合同在履行阶段应当按照合同的规定履行各自的责任，确保合同的顺利履行。再者，财务合同的法律框架关注合同的变更和解除。各方在合同履行中，如遇到不可抗力等特殊情况，可以依法变更或解除合同，但必须符合法定条件和程序。财务合同的法律框架明确了争议解决的途径。当合同履行中发生争议时，各方可选择诉讼、仲裁等方式解决，法律框架为各种争议解决方式提供了明确的法律基础。

财务风险转移的理论基础主要涉及到风险分散、保险和金融工具等方面。风险分散是财务风险转移的基础理论之一。通过将风险分摊到多个不同的个体或资产中，可以有效降低整体风险水平。在财务合同中，各方通过分散风险，实现财务风险的共担与共享，从而实现整体的风险降低。保险作为一种传统的财务风险转移方式，通过购买保险合同，企业可以将潜在的财务风险转嫁给保险公司。保险合同规定了在特定风险事件发生时的赔偿责任，为企业提供了一种有效的财务风险管理工具。再者，金融工具的发展也为财务风险转移提供了更多选择。衍生品市场的兴起使得企业可以通过期货、期权等金融工具进行财务风险的对冲和转移。这些金融工具可以根据企业的实际情况，量身定制风险管理方案，提高财务风险的灵活性和定制性。信息不对称理论是财务风险转移理论的重要组成部分。在财务合同中，各方可能拥有不同的信息，信息不对称可能导致财务风险的不确定性。在理论基础上关注信息的透明性和对称性，以确保财务风险的转移是基于充分、真实的信息基础之上的。

在财务风险转移的实践中，企业需根据法律框架和理论基础综合考虑，选择合适的财务合同和工具进行风险管理。企业应谨慎明智地制定合同条款，确保合同的合法性、有效性和可执行性。企业还需要对不同的财务风险采取灵活多样的转移方式，结合风险分散、保险和金融工具等手段，实现全面而有效的财务风险管理。通过深入理解法律框架和理论基础，企业能够更好地把握财务风险管理的机遇与挑战，实现财务风险的最优转移。

二、企业财务保险管理

（一）保险需求分析

企业在进行财务保险管理时，需要进行全面的保险需求分析。这一分析是基于企业的特定情境、经营活动以及面临的风险环境，以确保企业能够选择适当的保险产品，满足其独特的保险需求。

保险需求分析需要充分考虑企业所处行业的特点。不同行业面临的风险和压力不同，因此其保险需求也存在差异。例如，在制造业，企业可能更关注设备损失和供应链中断等风险，而在服务业，可能更关注专业责任险和雇主责任险等风险。因此，对行业风险的深入了解是进行保险需求分析的重要一环。

企业在进行保险需求分析时需要考虑其规模和经营范围。规模较大的企业可能面临更多的潜在风险，因此其保险需求可能更为复杂。企业的经营范围也会影响其保险需求，跨国企业可能需要更全面的保险覆盖，以适应不同国家的法规和风险环境。

财务保险管理中,对企业资产的保护至关重要。因此,资产分析是保险需求分析的核心部分。企业需要对其所有资产进行全面的评估,包括固定资产、库存、知识产权等。资产分析有助于确定哪些资产是最为重要和关键的,以便在保险选择上有针对性地进行覆盖,确保对企业经济利益的最大保护。

保险需求分析还需要充分考虑企业的运营活动和业务流程。对于生产型企业,可能需要关注生产过程中的意外事故,而对于零售企业,则可能更关注库存损失和商品财产的保护。通过深入了解企业的业务流程,可以更准确地确定保险需求,确保覆盖面的完整性。

员工风险也是保险需求分析的一部分。企业需要考虑员工的福利、工伤保险和雇主责任险等,以确保员工在工作过程中的安全和健康,同时降低因员工事故而可能带来的财务责任。

法规和合规性也是保险需求分析中的一个重要因素。企业需要了解所处地区的法规和法律环境,以确保其保险选择符合法规要求。这涉及到对行业标准和监管规定的深入了解,以保证企业的保险方案合法有效。

企业财务保险管理的保险需求分析是一个复杂而细致的过程,需要全面考虑行业特点、企业规模、经营范围、资产状况、业务流程、员工风险以及法规合规等多个方面。只有在深入了解企业独特情境的基础上,才能制定出更为符合实际需求的财务保险管理方案,以确保企业在面临风险时能够得到全面而有效的保护。

(二)保险购买决策

企业在进行保险购买决策时,需要综合考虑多方面因素,以制定符合其财务保险管理策略的合理方案。保险购买是企业财务管理中的一项关键决策,旨在规避未来可能发生的风险,通过支付保费来获得风险的分散和转移。这种决策的基础在于企业需要权衡保险的成本与获得的风险保障之间的关系,以最大化保险的效益。

在制定保险购买策略时,企业首先需要全面了解其面临的各类风险。这包括自然灾害、财产损失、责任事故、劳动力风险等多个方面。通过深入分析企业所处行业、市场环境以及内外部因素,企业能够明晰潜在风险并量化其可能的影响。这种风险分析是保险购买决策的基础,有助于企业针对性地选择合适的保险类型和保额。

企业在购买保险时需综合考虑不同保险产品的特性。各种保险产品有不同的保障范围、免赔额、赔付限制等条件,企业需要根据其具体需求和风险情况选择适合的产品。例如,财产保险可以保障企业的实物资产,而责任保险则用于覆盖可能面临的法律责任。通过细致比较不同保险产品,企业能够更好地满足其特定风险管理需求。

在进行保险购买决策时,企业还需要考虑自留风险的问题。自留风险是指企业在购买保险时选择不购买某些特定险种或选择较高的免赔额,从而自行承担一部分风险。企业需要在降低保险成本和保障风险之间寻找平衡,权衡自留风险的利弊,以确保其财务保险管理的经济效益。

企业在购买保险时还需考虑保险公司的稳定性和信誉度。选择具有良好声誉和财务实力的保险公司有助于确保在发生保险事故时能够及时获得合理的赔偿。企业可以通过评估保险公司的财务状况、历史赔付记录和客户满意度等方面来进行综合评估。

企业在购买保险时还需考虑保险费率和支付方式。不同保险公司对同一险种可能有不同的费率，企业需要在不同保险公司之间进行比较，以获得更有竞争力的保险费率。企业还可以考虑采用分期支付的方式，以减轻一次性支付带来的财务压力。

保险购买决策是企业财务管理中至关重要的一环。通过全面了解潜在风险、综合考虑不同保险产品的特性、权衡自身风险的利弊、选择稳定可靠的保险公司以及合理考虑保险费率和支付方式，企业能够制定出符合其财务保险管理策略的科学、合理的保险购买方案。

（三）保险费用管理

保险费用管理是企业财务保险管理中的一个重要方面。企业作为保险的购买者，需要在维护风险可承受范围的前提下，合理控制保险费用，以确保经济效益和财务稳健。企业在保险费用管理中需审慎评估风险。通过全面分析企业所面临的各类风险，包括自然灾害、市场波动、法规变化等，企业能够准确把握保险需求，避免盲目购买和过度保险。

保险费用管理要关注保险政策的选择。企业需要根据具体情况选择适当的保险政策类型，如财产保险、责任险、人身保险等，以满足企业的特定需求。企业还需审慎考虑保险额度和免赔额的设置，确保保险政策与企业的实际情况相匹配。再者，企业在保险费用管理中需关注保险费率的合理性。通过与保险公司的充分沟通和谈判，企业能够获取更为合理的保险费率，降低保险成本。

企业还可以通过购买多家保险公司的保险，实现保险费用的优化和分散，降低整体保险费用的波动性。保险费用管理还需强调合理的理赔管理。企业在发生损失时，应当及时向保险公司报案，并按照合同规定的程序进行理赔。通过合理的理赔管理，企业能够获得及时的赔付，减轻损失，并在未来的保险费用谈判中获得更好的条件。企业在保险费用管理中需不断优化保险战略。通过定期评估企业的风险状况和市场环境的变化，及时调整保险策略，以适应不断变化的经济和商业环境。这包括了对新兴风险的识别和应对，以及对保险市场的关注，确保企业的保险费用管理策略是灵活而具有前瞻性的。

在保险费用管理中，企业需全面考虑自身的风险特征和经营环境，审慎评估风险，选择合适的保险政策类型，并关注保险费率的合理性。通过与保险公司进行充分的沟通和谈判，企业能够在保险费用方面取得更为优惠的条件。理赔管理是保险费用管理的一个重要环节，企业需要及时报案、按照合同规定进行理赔，以确保在发生损失时能够及时得到赔付。保险费用管理还需要与企业的整体风险管理策略相协调，不断优化保险战略，以适应经济和商业环境的变化。通过综合考虑这些因素，企业能够更好地实现保险费用的合理控制，确保在风险管理过程中取得更好的经济效益。

第四节 企业财务风险管理实施与监控

一、企业财务风险管理实施

（一）策略的传达与沟通

企业财务风险管理的实施涉及策略的传达与沟通，这一过程对于确保策略的顺利执行和取得理想效果至关重要。

在财务风险管理实施过程中，传达策略的目的在于确保所有相关利益相关者理解和接受企业的风险管理目标和方法。这需要企业建立有效的沟通渠道，确保信息的准确传递和理解。企业需要向内部员工传达财务风险管理的重要性，强调每个人在实施过程中的角色和责任。企业还需向外部合作伙伴、投资者，以及监管机构等相关方传达企业的风险管理策略，以增加透明度，赢得信任。

在进行传达和沟通时，企业需要采用适当的沟通方式和工具。这可能包括内部培训、会议、报告、信息披露等形式，以确保信息能够以直观、清晰的方式传达给不同层级和部门的相关人员。采用可视化的方法，如图表、数据展示等，有助于提高沟通效果，使复杂的财务风险管理策略更容易被理解。

关键利益相关者的参与和参与是财务风险管理实施的关键。企业需要建立有效的沟通渠道，确保关键利益相关者能够在决策制定和实施过程中参与并发表意见。这有助于确保风险管理策略的制定是全面的、全员参与的，提高实施过程的合法性和有效性。

及时的反馈机制也是策略传达和沟通的重要组成部分。企业需要建立有效的反馈渠道，收集各层级和部门的反馈意见，以及时了解实施过程中的问题和挑战。通过反馈机制，企业能够快速调整策略，提高适应性和灵活性，确保策略在实施过程中的有效性。

（二）决策支持系统的建立

1. 数据收集与整理

企业财务风险管理的实施离不开有效的数据收集与整理。数据在这一过程中扮演着关键的角色，为企业提供了实时、准确的财务信息，帮助企业更好地识别、评估和应对潜在的财务风险。

数据收集涵盖了广泛的财务信息来源。企业需要收集来自财务报表、会计记录、成本报告以及相关市场数据的信息。这些信息是财务分析的基础，能够揭示企业的盈利能力、偿债能力以及流动性等方面的状况。企业还需考虑搜集宏观经济数据、行业趋势以及竞争对手的财务信息，以更全面地了解外部环境对财务风险的影响。

对数据收集的数据整理也至关重要。企业需要建立完善的数据整理体系，将从各种来源获得的大量数据进行分类、筛选和整合。这有助于形成清晰、有序的财务数据体系，为后续的风险管理决策提供基础。整理后的数据应当侧重于关键指标，使企业能够迅速抓住潜在的风险信号。

对于数据的质量和准确性的要求尤为迫切。不准确或者过时的数据可能导致企业对风险的误判，从而采取不当的决策。因此，企业在数据收集与整理的过程中，需要注重数据的真实性、可靠性以及时效性。建立质量控制机制，确保数据在整个流程中能够始终保持高水准。

企业财务风险管理还需要关注信息系统的建设与运营。有效的信息系统能够支持数据的实时收集与整理，提高数据处理的效率。信息系统还应该具备足够的安全性，以确保敏感财务信息不受到未经授权的访问和篡改。企业应该持续投入到信息系统的维护与升级，以适应不断变化的商业环境。

2. 数据处理

企业财务风险管理实施中，数据处理起着至关重要的作用。数据处理不仅仅是信息的整合和存储，更是对财务数据进行深入分析的基础。企业需要建立高效的数据处理系统，以支持财务风险管理的有效实施。

数据处理在财务风险管理中起到了信息整合的关键作用。通过整合来自不同部门和业务领域的财务数据，企业能够建立一个全面的财务信息数据库。这有助于企业管理层全面了解企业财务状况，及时识别潜在的风险因素。信息的整合也为各级管理者提供了更为全面的决策支持。

数据处理在财务风险管理中帮助企业进行风险评估。通过对历史财务数据的分析，企业能够识别潜在的风险趋势和模式。这有助于企业更准确地评估当前的财务风险水平，并为未来的风险预测提供参考。数据处理还能帮助企业建立风险模型，通过对各种风险因素的定量分析，更科学地进行财务风险评估。

在财务风险管理实施中，数据处理还支持企业制定合理的风险管理策略。通过对财务数据的深入挖掘和分析，企业能够更好地了解不同风险因素的影响程度和相关性。这有助于企业有针对性地制定财务风险管理策略，选择适当的对冲工具和方法，以降低财务风险的不确定性。

数据处理还在财务风险监测和预警方面发挥着关键作用。通过建立实时的财务数据监测系统，企业能够及时感知到财务状况的变化和潜在的风险信号。数据处理技术的应用使得企业能够更灵敏地发现异常和变化，有助于及时采取应对措施，避免财务风险的进一步扩大。

在实施财务风险管理时，数据处理还支持企业建立全员参与的财务风险管理文化。通过将财务数据的分析结果分享给各个层级和部门，企业能够增强员工对财务风险的敏感性和主动性。这有助于形成一个全员参与的财务风险管理体系，使得每个员工都能在其职责范围内对潜在的财务风险有所警觉。

数据处理在企业财务风险管理实施中扮演着重要的角色。通过信息整合、风险评估、策略制定、监测预警以及建立企业文化等多个方面，数据处理为企业提供了全面的财务风险管理支持。有效的数据处理不仅提高了企业对财务状况的把握程度，也为财务风险管理的科学决策提供了有力的工具和基础。

二、企业财务风险管理监控

（一）监控体系建立

企业在进行财务风险管理时，监控体系的建立是确保策略执行效果的关键步骤。监控体系不仅需要覆盖财务风险管理的各个方面，还需要具备实时、准确、全面的信息反馈机制，以保障企业对潜在风险的快速响应和及时调整。

监控体系需要包括财务风险的全面评估。这要求企业能够实时收集、整理和分析财务数据，对财务状况进行准确的评估。包括资产负债表、利润表、现金流量表等在内的财务报表是评估财务风险的基本工具。通过这些数据的监控，企业能够更好地了解自身的财务状况，及时发现潜在的风险信号。

监控体系需要考虑市场环境的变化。市场风险是企业财务风险管理中的一个重要方面，因此企业需要建立敏感的市场监测机制。这可能涉及到对行业趋势、经济指标、汇率变化等多个方面的监测。通过实时监控市场动态，企业能够更及时地调整策略，应对市场波动带来的风险。

监控体系还需要关注企业的供应链和物流环节。供应链风险的监控对于制造型企业尤为关键。通过对供应商的评估、库存水平的监测以及物流流程的追踪，企业可以更好地把握可能影响生产和运营的潜在风险。

员工风险也是监控体系需要覆盖的范围之一。企业需要建立健全的员工管理机制，包括培训、绩效考核、工时管理等，以减少员工因素引发的风险。监控员工的工作状态、健康状况以及对企业规章制度的遵守程度，有助于提前发现潜在员工风险。

监控体系还需要考虑合同履行和法律合规性的问题。通过建立对合同的跟踪和分析机制，企业可以更好地监控合作伙伴的履约情况，降低合同履行带来的潜在损失。

监控体系中，风险事件的报告和记录也是一个不可忽视的环节。建立风险事件的记录档案，包括风险发生的时间、原因、影响和应对措施等信息。通过对风险事件的记录和分析，企业可以总结经验教训，提高应对风险的能力。

（二）风险事件的识别与评估

企业财务风险管理的监控过程中，风险事件的识别与评估是至关重要的环节。这一过程旨在从多维度、多角度全面了解潜在风险，并通过有效的评估手段量化风险的程度，为企业提供科学的决策支持。

风险事件的识别是财务风险管理中的首要任务。企业需要通过对内外部环境的不断观察，识别可能对其财务状况产生不利影响的各类事件。这包括但不限于市场波动、自然灾害、政策法规调整、竞争压力等。企业还需关注内部因素，如管理层变动、员工失职、内部控制体系缺陷等。风险事件的识别需要全员参与，形成全方位的风险感知体系，以确保潜在风险不被忽视。

一旦风险事件被识别，企业需要迅速转入风险事件的评估阶段。评估风险的程度需要考虑多个因素，包括风险的概率、影响程度以及风险事件发生的速度等。这一过程不仅要关注风险事件对企业财务状况的直接影响，还要考虑潜在的间接影响以及可能的传导效应。企业还需要考虑风险的时效性，即风险事件可能在何时发生，以制定更为及时的风险应对措施。

在风险事件评估的过程中，数据的重要性不可忽视。企业需要收集、整理各类与风险事件相关的信息，以支持对风险的准确评估。这包括历史数据、市场数据、行业报告等多方面的信息，帮助企业更全面地理解风险事件的可能性和影响。还需要建立科学的评估模型，利用统计学、数学建模等手段对风险进行量化分析，为决策提供更为精准的数据支持。

第五章　企业财务内部控制框架与流程

第一节　企业财务内部控制框架的选择与建立

一、企业财务内部控制财务风险框架的选择

（一）企业财务内部控制财务风险框架的背景

在当今复杂多变的商业环境中，企业财务内部控制财务风险框架的建立成为维护企业经济稳健性和可持续性的关键要素。这一框架旨在通过有效的内部控制措施，识别、评估和管理企业可能面临的各类财务风险，从而提高企业的整体运营效率和财务稳健性。

财务风险，作为企业经营过程中不可避免的一部分，涉及到多个方面，如市场波动、信用风险、流动性风险等。在这种背景下，建立财务内部控制框架成为企业必要之举。这一框架的目标是为企业提供一个全面而系统的方法，帮助企业管理和降低财务风险，确保企业在动荡的市场环境中能够保持财务健康。

背景中，全球金融市场的不断发展和变化是推动企业关注财务风险管理的重要因素。随着市场的全球化和金融工具的不断创新，企业面临着更多元化和复杂化的财务风险。因此，企业需要建立适应这种新常态的内部控制框架，以更好地抵御来自市场波动和金融环境变化带来的财务冲击。

（二）财务内部控制财务风险框架

1. COSO 内部控制集成框架

企业在选择财务风险框架时，COSO 内部控制集成框架是一个备受推崇的选择。该框架提供了一个全面而系统的方法，帮助企业设计、实施和评估其财务内部控制体系。COSO 框架的选择对于企业而言，不仅能够满足合规性要求，更有助于提高企业的财务稳健性。

COSO 内部控制集成框架基于五个互相关联的组件，分别是控制环境、风险评估、控制活动、信息与沟通以及监控活动。这些组件形成了一个协同作用的整体，使得企业能够在其运营活动中更好地管理财务风险。控制环境为企业创造了一个有利于内部控制的文化氛围，强调管理层的承诺和道德行为。风险评估组件通过对内外部环境的分析，帮助企业

识别和评估潜在的财务风险。控制活动则强调在各个业务流程中建立适当的控制措施，以降低财务风险的发生概率。信息与沟通组件确保了信息的及时传递和有效沟通，有助于企业更好地理解和应对财务风险。监控活动用于评估内部控制的有效性，确保其能够适应不断变化的环境。

COSO 框架的优势在于其系统性和全面性。通过整合不同组件，COSO 框架使企业能够将财务内部控制视为一个整体，而非零散的部分。这有助于避免只关注某一方面而忽略其他方面的风险。COSO 框架注重与企业目标的一致性，强调内部控制的整合应该服务于企业的战略目标，而不是仅仅为了合规而存在。

在选择 COSO 框架时，企业需要考虑其适用性和可操作性。COSO 框架适用于各种规模和行业的企业，但在实施过程中，企业需要根据自身的特点和业务环境进行定制。这可能包括在框架中增加一些具体的控制措施，以更好地适应企业的实际情况。

2. COBIT 框架

COBIT 框架是企业财务内部控制财务风险框架的一种选择。COBIT，全称为 Control Objectives for Information and Related Technologies，是一套由信息系统审计与控制协会（ISACA）制定的国际性框架。企业在选择 COBIT 框架作为财务风险管理的工具时，需要考虑以下几个关键因素。

COBIT 框架注重对信息与技术的控制，强调企业信息系统在财务内部控制中的关键作用。通过 COBIT 框架，企业能够建立起对信息系统的全面管理和监控机制，保障财务信息的完整性、可用性和保密性。这有助于降低财务数据泄漏和篡改的风险，确保企业财务信息的准确性。

COBIT 框架强调业务目标的对齐与整合。在财务风险管理中，企业不仅需要关注财务信息的安全性，还需将财务内部控制与整体业务战略相一致。COBIT 框架通过对业务目标的明确定义和管理，有助于企业建立起与财务风险管理相适应的全面业务目标体系，从而确保财务控制的有效性与整体业务目标的一致性。

在 COBIT 框架中，风险管理是一个重要的方面。企业能够通过 COBIT 的风险管理指南，建立起完善的财务风险评估和监测体系。COBIT 强调风险的主动管理和持续监控，使企业能够更好地预测潜在的财务风险，并采取相应的措施来降低风险发生的可能性。这有助于企业在风险管理方面更具前瞻性和主动性。

COBIT 框架对信息技术治理（IT Governance）的关注是其独特之处。企业在选择 COBIT 框架时，可以更好地整合信息技术和财务内部控制，使得信息系统在财务风险管理中发挥更为积极的作用。通过 COBIT 的 IT 治理原则，企业能够建立起科学的信息系统开发、运维与监管机制，提高信息系统对财务风险管理的支持水平。

COBIT 框架注重对性能和效益的评估，这对企业在财务风险管理中进行效果评估和不断优化提供了指导。企业可以通过 COBIT 框架建立起财务内部控制的绩效评估体系，定期检查和评估财务风险管理的效果，从而及时发现问题并进行持续改进。

COBIT 框架作为企业财务内部控制财务风险的框架选择，强调了信息系统、业务目标对齐、风险管理、信息技术治理以及绩效评估等方面。通过 COBIT 框架，企业能够更全面地管理和控制财务风险，确保财务内部控制的有效性与业务目标的一致性。

二、企业财务内部控制财务风险框架的建立

（一）框架的定制与适应

在建立企业财务内部控制财务风险框架时，定制和适应是至关重要的步骤。这一过程需要企业根据其独特的经营环境、产业特点和法规要求，量身定制一套灵活、实用的内部控制体系，以更好地适应不断变化的财务风险挑战。

定制财务内部控制框架需要充分考虑企业的业务模式和产业特点。不同行业、不同类型的企业面临的财务风险各异，因此内部控制框架的设计应当根据企业所处的行业和业务模式来定制。例如，制造业可能更关注生产流程中的成本控制和库存管理，而金融行业可能更关注信用风险和市场风险。通过深入了解企业的核心业务，能够更准确地确定内部控制的重点和优先级。

适应性是财务内部控制框架成功实施的关键。企业面临的外部环境和内部情境都在不断变化，因此内部控制框架需要具备灵活性，能够随时适应新的风险和挑战。框架的设计应该注重未来的可扩展性和调整性，以确保在不同经济周期和市场环境下，企业能够灵活应对变化，保持内部控制的有效性。

财务内部控制框架的定制还需要综合考虑企业的规模和复杂性。大型企业和中小型企业在财务管理上面临的挑战和需求有所不同，因此内部控制框架的设计应当充分考虑企业的规模和复杂性。大型企业可能需要更加复杂和严密的内部控制机制，以应对庞大的运营规模和更复杂的财务体系。而中小型企业可以更加注重简化和高效的内部控制手段，以适应其相对较小的规模和资源有限的情况。

在定制和适应内部控制框架时，企业需要全面考虑法规合规性。不同国家和行业有不同的法规和法律要求，企业内部控制框架的设计应当符合相关法规的要求，确保企业在法律合规方面不受到风险。建立专门的法务团队，密切关注法规的变化，对内部控制框架进行调整，是确保企业法规合规性的重要手段。

考虑到技术的快速发展，财务内部控制框架的定制还需要整合现代信息技术。采用先进的信息系统、数据分析工具和人工智能技术，有助于提高内部控制的效率和准确性。企业可以结合自身的信息系统架构，定制符合其实际需求的技术支持方案，以更好地适应数字化时代的财务风险管理需求。

（二）内部控制政策与程序的制定

企业财务内部控制的财务风险框架的建立，需要通过内部控制政策与程序的制定来实现。这一过程涉及到对企业内部控制的目标、原则以及具体操作方法的明确规定，以保障财务活动的合规性、可靠性和透明度。

内部控制政策的建立是内部控制框架的基础。内部控制政策应当由企业高层管理层明确制定，确保其符合法规法律、行业标准以及公司治理的要求。这需要对企业的整体战略目标和风险承受能力有深刻的理解，并将这些理解转化为具体的政策要求。例如，政策可以涵盖财务报告、资产保护、合规性审计等方面，以确保企业在各个环节的财务风险都能够得到有效控制。

内部控制程序的制定是内部控制政策的具体实施手段。内部控制程序应当为实际业务操作提供具体而清晰的指导，以确保政策的执行能够达到预期的效果。这包括但不限于审计、监测、报告等程序的设计。企业需要在程序中考虑到业务流程的复杂性和多样性，确保每个环节都有相应的控制措施，以降低财务风险的发生概率。

在内部控制政策和程序的建立中，企业应当注重风险评估的角度。对于不同业务环节，风险的性质和潜在的影响可能会有所不同。因此，内部控制政策和程序应当能够根据实际风险情况进行差异化的处理，以确保有针对性地提高内部控制的效能。

内部控制政策和程序的建立需要注重科技与信息系统的融合。随着信息技术的不断发展，企业在内部控制中越来越依赖信息系统。因此，制定内部控制政策和程序时需要确保信息系统的安全性、可靠性和合规性，以防范信息系统风险对财务活动的影响。

第二节　企业财务内部控制流程的设计与实施

一、财务风险流程设计

（一）财务风险识别与分类

在企业财务管理中，财务风险的识别与分类是确保企业稳健经营的基础。财务风险的流程设计应该综合考虑外部环境、内部运营以及金融市场等多方面因素，以便全面、系统地识别和分类各类潜在财务风险。

财务风险的识别流程需要从外部环境入手。对宏观经济状况、行业发展趋势以及政策法规的了解是识别财务风险的基础。企业需要通过市场调研和数据分析，全面了解外部环境的变化，识别可能对企业经营产生影响的因素。这包括通货膨胀率、汇率波动、政治经济因素等多个方面。通过建立对外部环境的敏感性分析，企业能够及早发现潜在的财务风险。

财务风险的识别流程还需深入到企业内部的运营层面。对于不同行业和企业类型，内部运营可能面临的风险也不尽相同。通过对企业内部流程、制度和管理情况的全面审查，企业能够识别出潜在的运营风险。这可能包括生产流程中的效率问题、人力资源管理的挑战、供应链中的不稳定因素等。通过建立对内部运营的全面评估，企业可以更好地识别并防范内部产生的财务风险。

财务风险的分类流程是建立在对识别的基础上的。对财务风险进行合理的分类，有助于企业更有针对性地制定应对策略。一种常见的分类方法是按照风险的来源进行分类，如市场风险、信用风险、流动性风险等。按照风险的性质进行分类，如经济风险、法律风险、操作风险等。通过对风险进行分类，企业能够更清晰地理解各类风险的特点和潜在影响，为制定具体的应对措施提供参考。

在财务风险的分类中，需要考虑风险的相互关联性。不同风险之间可能存在相互影响和叠加效应，因此在分类时要综合考虑各类风险之间的关系。例如，市场波动可能导致资产价值下降，从而影响信用风险。建立一个全面的风险网络图，有助于企业更全面地了解各类风险之间的关联关系，为风险管理提供更有效的指导。

对于每一类财务风险，企业需要建立相应的识别、评估和应对流程。识别流程应该包括明确的指标和指导原则，以便在风险发生之前及早发现。评估流程则需要建立科学的评估模型，全面考虑各种因素对风险的潜在影响。应对流程则需要制定具体、可操作的措施，以最大程度地减轻和控制财务风险的影响。

财务风险的识别与分类流程设计是一个综合性的工程，需要全面考虑外部和内部因素，通过科学的方法建立起对财务风险的全面了解。只有通过建立有效的流程，企业才能更好地识别潜在的财务风险，及时做出反应，确保财务的稳健和可持续性。这一流程设计的关键在于全面、系统地分析外部和内部的风险因素，并在此基础上建立合理的分类和处理机制，以提高企业对财务风险的管理水平。

（二）流程设计的理论基础

1. 内部控制框架的基本原则

企业财务风险流程设计的基本原则根植于内部控制框架，这些原则为企业提供了在复杂和多变的商业环境中降低风险的基础。这些基本原则有助于确保企业在财务活动中能够达到合规性、可靠性和透明度。

首要的基本原则是全面性。企业财务风险流程设计需要覆盖整个财务活动的范围，确保对所有可能涉及风险的环节都有明确的控制措施。这一原则要求企业不仅要关注财务报告和核算环节，还需要涉及到与资金、投资、融资等相关的所有业务流程，以形成全方位的风险控制网络。

其次是一体性。财务风险流程的设计应该将不同的财务活动纳入一个协同作用的整体之中。这意味着企业不应该孤立地考虑各个财务流程，而是要将它们视为相互关联的部分，以确保整个财务体系的内部控制形成一体化，协同工作以降低潜在风险。

另一个重要的原则是灵活性。财务环境和法规法律可能会发生变化，因此财务风险流程设计需要具备灵活性，能够及时调整以适应变化的环境。企业需要建立起一个灵活且敏捷的内部控制机制，以便在不断变化的财务环境中迅速适应并应对新的风险挑战。

一致性是财务风险流程设计的又一基本原则。不同部门和业务流程应该在内部控制的设计和实施上保持一致性。这有助于避免在不同环节之间存在冲突和漏洞，确保企业在整个财务活动中都能够坚持相同的财务风险管理标准和原则。

内部控制框架应当注重透明度。这意味着企业在设计财务风险流程时，需要确保所有涉及的人员都能够清晰地了解和理解内部控制措施的设立目的、执行步骤以及相关责任。透明度有助于提高整个组织对内部控制的共识，确保各个层面的人员能够充分参与和配合内部控制的执行。

可持续性是内部控制框架的基本原则之一。财务风险流程设计需要具备长期的可持续性，以确保企业能够在未来不断发展的环境中持续有效地管理财务风险。这需要企业不仅考虑当前的财务风险，还需要预见未来可能的风险，并相应地调整内部控制框架。

企业财务风险流程设计的基本原则包括全面性、一体性、灵活性、一致性、透明度和可持续性。这些原则构成了企业财务风险管理的基础，有助于确保企业在复杂和多变的商业环境中能够有效地降低财务风险，保障财务活动的安全、合规和稳健进行。

2. 流程设计的方法与模型

企业财务风险流程设计是一个系统性的工程，需要运用有效的方法与模型。在设计流程时，企业可以采用以下方法与模型。

采用 SWOT 分析方法。SWOT 分析以识别企业内外部的优势、劣势、机会和威胁为核心，有助于企业深入了解自身财务环境。在设计财务风险流程时，通过 SWOT 分析，企业能够明确潜在风险来源，洞察风险所带来的威胁和机会，为流程设计提供有力的基础。

借鉴 COSO 框架。COSO 框架是一个广泛应用于企业内部控制的模型，包含了风险评估、控制环境、信息与沟通、监督等方面。在财务风险流程设计中，企业可以采用 COSO 框架，明确财务风险的评估方法、控制措施、信息沟通流程，从而建立起全面的财务风险管理体系。

采用 PDCA 循环。PDCA（Plan-Do-Check-Act）循环是一种持续改进的管理方法，可以帮助企业建立动态的财务风险流程。在设计阶段，企业可以明确计划（Plan）财务风险管理流程；执行（Do）流程并记录相关数据；检查（Check）流程执行效果和财务风险变化；根据检查结果调整（Act）流程设计，形成一个循环不断优化的流程。

利用流程图作为设计工具也是一种常见的方法。通过绘制流程图，企业能够清晰地展现财务风险流程中各个环节的关系和流动，从而有助于团队对整个财务风险管理流程的全面理解。流程图可以是流程的起始、过程和结束状态的图形表示，也可以是对每个流程步骤的详细描述。

采用事件树和失效模式与效应分析（FMEA）模型进行风险识别。这两种模型都是用于系统性地识别潜在风险的方法。通过构建事件树，企业可以逐级分析可能发生的财务风险事件，并评估其影响。而 FMEA 模型则通过识别潜在失效模式、评估其后果和严重性，为企业提供了系统性的风险识别工具。

企业在财务风险流程设计中，可以运用 SWOT 分析方法明确风险来源，借鉴 COSO 框架建立全面的管理体系，采用 PDCA 循环持续优化流程，利用流程图清晰表达流程关系，使用事件树和 FMEA 模型进行风险识别。这些方法与模型的综合运用，有助于企业建立更为科学有效的财务风险管理流程，提高财务稳健运营水平。

二、财务风险流程实施与监控

（一）流程实施的关键步骤

企业财务风险流程的实施和监控是确保流程顺利运行、及时应对潜在风险的关键环节。在这一过程中，需要关注以下几个关键步骤，以确保财务风险管理的有效性和可持续性。

建立明确的流程执行责任体系。在流程实施前，企业需要明确定义各个环节的责任人和责任部门，确保每个人都清楚自己在整个流程中的角色和职责。这有助于形成有效的协同机制，确保流程的顺畅运行。建立明确的责任体系还有助于实现流程的透明化，降低信息传递和执行层面的误差。

制定详尽的操作指南。在财务风险流程实施阶段，需要制定详细的操作手册和流程指南，明确每个环节的操作步骤和标准。这有助于降低流程执行中的不确定性和主观性，提高执行效率和一致性。操作指南的制定应该考虑流程的灵活性，以便在面对不同情境时能够进行适当的调整。进行流程培训与沟通。在实施财务风险流程时，培训是非常关键的一环。通过对相关人员进行培训，提高其对财务风险流程的理解和执行能力。培训应当包括对流程的背景、目标、操作细节的全面介绍，以确保执行人员对整个流程有清晰的认知。建立有效的沟通机制，确保流程中的信息传递迅速、准确。

建立有效的监控机制。监控是财务风险流程管理的重要一环。企业需要建立科学有效的监控机制，对流程执行情况、风险预警和问题反馈等进行全面监测。这可以通过建立实时的信息系统，采用数据分析和报告工具，对流程执行的各个环节进行监测。监控机制应该强调异常情况的及时发现和处理，以防范潜在的财务风险。

（二）人员培训与沟通

企业在财务风险流程的实施与监控中，人员培训与沟通是至关重要的环节。这一过程涉及到向组织内的各级员工传递关于财务风险控制的知识、技能和信息，以确保财务活动在规定的内部控制框架下进行，从而有效管理和降低财务风险。

人员培训在财务风险流程实施中具有关键作用。员工需要了解内部控制框架的设计理念、目标和实施方法。这需要由专业培训团队提供相关培训，以确保员工对财务风险流程的各个环节有清晰的认识。培训过程中还应该强调员工在实际操作中如何运用财务风险控制措施，使培训能够更贴近实际工作需求。

沟通在财务风险流程实施中是保障流程顺畅运行的关键。沟通不仅仅是一次性的传递信息，更是一个持续性的过程。企业需要建立畅通的沟通渠道，确保内外部信息的及时传递。这包括但不限于组织内部的沟通机制、定期的内部会议、财务风险报告的发布等手段。通过定期的沟通，员工能够更好地了解财务风险流程的运行状况，从而更好地适应和遵循内部控制的要求。

在人员培训和沟通中，企业需要重视信息的传递效果。培训和沟通的内容需要简洁而明了，避免过多的专业术语和复杂的理论，以确保信息被广大员工理解。信息的传递还需要考虑到不同层次和部门的员工的需求，确保信息的有效性和精准性。

人员培训与沟通需要关注员工的反馈和问题解答。建立一个有效的反馈机制，能够让员工提出质疑和疑惑，并及时得到解答。这有助于消除员工对于财务风险流程的疑虑，提高其对内部控制的认同感和执行力度。

（三）流程监控与数据分析

企业在财务风险流程实施与监控中，流程监控与数据分析起着至关重要的作用。流程监控是确保财务风险管理流程有效执行的关键环节，而数据分析则提供了对流程执行效果的深入理解和持续优化的机会。

在财务风险流程实施中，流程监控的重点在于建立有效的监控机制。企业需要明确监控的关键节点和指标，以确保整个流程的顺利推进。通过设定阈值和预警机制，企业能够及时识别潜在的问题和异常，从而采取即时的纠正措施。流程监控还需要充分利用信息技术工具，建立实时监测系统，以提高监控的准确性和效率。建立有效的反馈机制，让相关人员能够及时报告问题和提出改进意见，有助于形成一个全员参与的流程监控体系。

数据分析在财务风险流程监控中具有关键性的作用。通过对财务数据的深入分析，企业能够更全面地了解财务风险的发生和演变趋势。数据分析可以帮助企业识别异常和趋势，预测潜在的财务风险，从而为企业提供更为准确的决策支持。数据分析还能帮助企业识别流程中的瓶颈和问题点，为流程的优化提供具体的数据支持。

在财务风险流程监控中，企业可以借助先进的数据分析工具，如数据挖掘、机器学习等技术。这些技术能够更好地挖掘数据潜在的信息，发现隐藏在大量数据背后的模式和规律。通过建立数据模型，企业能够更为准确地预测财务风险的发生概率，从而有针对性地制定应对措施。数据分析还能够对流程中的关键指标进行实时监测，帮助企业及时发现和解决问题。

企业还可以采用数据仓库和数据仓库技术，将财务数据集中存储并进行集成处理。通过建立完善的数据仓库体系，企业能够更方便地进行数据分析和报告生成，提高对财务风险流程的监控效率。数据仓库还能够支持企业对历史数据的回顾分析，为未来的财务风险管理提供经验参考。

流程监控通过建立有效的监控机制和反馈机制，确保流程的顺利进行。数据分析则通过对财务数据的深入挖掘，帮助企业更好地了解财务风险的发生趋势，提供更为准确的决策支持。综合运用流程监控和数据分析，企业能够实现对财务风险流程的有效管理与不断优化。

第三节 企业财务内部控制的自动化与技术支持

一、财务风险自动化与技术支持的重要性

（一）技术支持的基础

在当今数字化时代，财务风险自动化已经成为企业经营的关键要素之一。技术支持在这一领域的作用愈发凸显，对于企业的可持续发展至关重要。财务风险自动化的基础在于对技术的深刻理解和高效利用，这不仅能够提高企业的财务管理水平，同时也能有效降低潜在的财务风险。

在财务领域，技术支持首先通过数据的自动化处理，实现了财务信息的实时更新。这使得企业能够更加迅速地了解自身财务状况，从而及时调整经营策略。与传统手工处理相比，自动化能够大大提高工作效率，减少人为错误的发生，确保财务信息的准确性和可靠性。

技术支持通过引入先进的风险管理系统，帮助企业识别和评估潜在的财务风险。这种系统能够通过大数据分析，识别出不同类型的风险因素，并为企业提供相应的风险预警。通过实时监控市场变化、政策调整等因素，企业能够更加敏锐地感知到潜在的风险，并及时做出相应的调整，以规避可能的财务危机。

财务风险自动化的基础还在于对人工智能和机器学习等新兴技术的充分运用。通过建立智能化的财务系统，企业能够更加精准地预测市场走势，制定更加灵活的财务战略。基于大数据的算法能够深入挖掘潜在的关联性和趋势，为企业提供更全面、准确的财务分析，从而更好地指导企业的战略决策。

在财务风险自动化的进程中，技术支持还在于建设高效的信息安全体系。财务信息的数字化和自动化处理使得企业面临更多的网络威胁和数据泄露的风险。因此，构建健全的信息安全系统显得尤为重要。技术支持不仅要确保系统的防护措施得当，还需要定期进行漏洞扫描和安全审计，以保障财务信息的安全性。

财务风险自动化的基础还在于对技术人才的培养和引进。只有具备高水平技术素养的专业人才，企业才能更好地利用先进技术来支持财务风险的自动化处理。因此，企业需要加强对员工的培训，不断提升他们的技术水平，使其能够熟练地运用先进技术工具来处理复杂的财务问题。

总而言之，财务风险自动化在当今商业环境中已经成为不可或缺的一部分。技术支持通过对数据的自动化处理、风险管理系统的建设、人工智能的运用、信息安全的保障以及对技术人才的培养，为财务风险自动化提供了坚实的基础。这些基础的建设不仅提高了企业的财务管理效率，也使企业更加灵活应对复杂多变的商业环境，实现可持续的发展。

(二) 自动化对财务风险管理的影响

1. 自动化的定义与范围

在当今飞速发展的科技时代，自动化已然成为企业管理和运营中不可或缺的一环。自动化的定义并非局限于简单的机械化生产，而是涵盖了广泛的领域，包括财务风险管理和技术支持。这两个领域的自动化不仅提高了效率，还在业务环境中发挥了关键作用。

财务风险自动化的实施，对企业而言意味着更为精确和实时的风险监控。通过引入自动化工具，企业可以更好地识别潜在的财务风险，并采取迅速而精准的应对措施。这种高效的风险管理有助于企业降低损失风险，提高财务稳定性，使其能够更加灵活地应对市场变化。

财务风险自动化的另一个关键优势是减少了人为错误的可能性。在传统的财务操作中，由于人工干预，错误和不准确的数据输入时有发生。而通过自动化，数据的采集和处理可以更加精确，大大降低了因人为疏忽而引发的风险。这种自动化的精度不仅提高了财务报告的可靠性，也为企业提供了更为可信的决策基础。

财务风险自动化还能够加强企业的合规性。随着法规和政策的不断更新，企业需要及时调整其财务管理策略以满足法规要求。自动化系统能够快速适应这些变化，确保企业在合规性方面不受到风险的威胁。这种能力不仅为企业节省了时间和人力成本，还提高了其在市场竞争中的可持续性。

在技术支持方面，自动化同样发挥了至关重要的作用。随着企业规模的不断扩大和全球化的趋势，技术支持的需求也日益增长。通过自动化技术，企业能够更迅速地响应客户问题，提供更为高效的支持服务。这种高效性不仅提升了客户满意度，也为企业赢得了市场竞争的优势。

技术支持的自动化还有助于提升问题解决的速度。传统的技术支持可能受制于人工的繁琐流程，导致问题的解决周期较长。而自动化技术支持可以通过智能化的问题诊断和解决方案推荐，更加快速地满足客户的需求。这种快速响应不仅提高了客户的体验，也增强了企业在市场中的声誉。

财务风险自动化和技术支持的重要性在于它们为企业创造了更高的效率和可持续性。自动化不仅提高了业务流程的精确度，降低了风险，还加强了企业在不断变化的市场中的灵活性。这两个领域的自动化为企业提供了强大的工具，使其能够更好地适应和引领未来的商业环境。

2. 自动化在财务风险管理中的优势

在当今快速变化的商业环境中，财务风险管理对企业的长期成功至关重要。随着技术的迅猛发展，自动化在财务风险管理中展现出卓越的优势，成为提高效率、降低错误率的不可或缺的手段。

自动化能够实现财务数据的实时监控和分析。传统的财务管理往往需要大量人力投入，容易受制于时间和资源的限制。而财务风险自动化通过实时数据采集和处理，能够在最短时间内获取最新的财务信息，使企业能够更敏锐地察觉并迅速应对潜在风险。

自动化技术在财务风险管理中大大降低了人为错误的风险。传统手工处理财务数据的方式存在着人为疏漏和错误的风险，这不仅影响了财务报表的准确性，也增加了企业面临的风险。财务风险自动化通过智能算法和系统的监控，有效减少了人为干预的空间，提高了数据处理的准确性和可靠性。

自动化使得财务风险管理变得更加灵活和可定制。企业面临的财务风险种类繁多，而传统手工处理往往难以适应多样化的需求。财务风险自动化系统可以根据企业的具体情况定制相应的解决方案，提高了管理的灵活性，使企业能够更好地应对多变的市场环境。

财务风险自动化还能够提高团队的工作效率。传统的财务管理流程往往需要大量的人工操作和复杂的流程，而自动化系统能够在很大程度上简化这些流程，减少了重复劳动，释放了团队更多的精力用于战略性的决策和问题解决。

财务风险自动化在应对复杂的市场环境中展现出强大的应变能力。随着市场变化的不确定性增加，企业需要更为灵活和迅速地调整战略以适应新的风险。自动化系统通过实时监控和数据分析，使企业能够更快速地做出决策，提高了在竞争激烈的市场中的应变能力。

财务风险自动化通过整合先进的技术支持，为企业提供了更为精准、迅速的决策和应对风险的能力。它不仅提高了管理的效率和准确性，降低了人为错误的风险，还使得财务风险管理变得更加灵活和可定制。在不断变化的商业环境中，财务风险自动化已经成为企业保持竞争优势和长期成功的关键因素。

二、财务风险自动化与技术支持的实施与最佳实践

（一）技术选择与整合

企业在财务风险自动化方面的成功实施离不开科学合理的技术选择与整合。技术的选择与整合需要根据企业的实际情况进行深入思考，以确保财务风险自动化系统的顺利运行。

财务风险自动化的实施需要考虑到企业的规模和行业特点。不同规模和行业的企业面临的财务风险不同，因此选择适用的技术解决方案至关重要。一些行业可能更注重实时数据的处理，而另一些可能更关注风险管理系统的建设。因此，技术的选择应当根据企业所处的行业特点进行有针对性的分析，确保选用的技术能够切实解决企业所面临的财务风险问题。

技术的选择与整合需要考虑到企业的信息系统架构。财务风险自动化通常需要与企业已有的信息系统进行整合，以实现财务数据的无缝流通。在技术选择方面，需要确保所选用的技术能够与现有系统兼容，并且能够实现高效的数据交换。在整合方面，需要通过建立标准的接口和协议，确保各个系统之间能够实现良好的信息互通，从而形成一个整体的财务风险管理体系。

财务风险自动化的实施还需要考虑到技术的可维护性和可扩展性。选择的技术解决方案应当具备良好的可维护性,以确保系统能够随着业务的发展进行及时更新和维护。技术的可扩展性也是关键因素,能够适应企业规模的变化和业务模式的调整。通过选择具备良好可维护性和可扩展性的技术,企业可以更好地应对未来的挑战,确保财务风险自动化系统的长期稳定运行。

财务风险自动化的实施还需要考虑到技术的安全性。财务数据是企业的核心资产之一,因此在技术选择与整合的过程中,必须确保所选用的技术能够提供高水平的安全保障。这包括加强数据加密、建立严格的权限控制、采用先进的身份验证技术等措施,以防范潜在的信息泄露和数据被篡改的风险。

技术的选择与整合还需考虑到员工的培训与适应。财务风险自动化系统的实施通常需要员工具备一定的技术能力,因此在技术选择与整合的过程中,必须充分考虑员工的培训需求。通过提供专业的培训计划,帮助员工熟悉新系统的使用,提高其对财务风险自动化的认知和适应能力,从而确保整个系统能够在实际运行中发挥最大的效益。

技术选择与整合是财务风险自动化实施的核心环节。通过根据企业规模、行业特点、信息系统架构等方面的实际情况进行科学合理的技术选择与整合,企业可以更好地搭建起一个高效稳定的财务风险自动化系统,为企业的可持续发展提供坚实的技术支持。

(二)数据安全与隐私保护

在当今信息时代,数据安全与隐私保护已经成为企业管理不可忽视的核心议题。财务风险自动化和技术支持的实施是应对这一挑战的重要举措。数据在金融业务中的广泛应用使得数据的安全性和隐私保护变得至关重要。在财务风险自动化方面,企业需采取有效措施保障数据安全。技术支持的实施同样需要注重保护客户和企业的隐私信息。以下是关于这一议题的一些实施和最佳实践。

财务风险自动化的实施需要确保数据的安全性。采用加密技术是保障数据安全的基本手段之一。通过对数据进行加密,即使在数据传输或存储的过程中,未经授权的访问者也无法获取敏感信息。建立完善的身份验证系统,限制只有授权用户才能访问关键财务数据,进一步提高了数据安全性。

在技术支持方面,保护客户隐私信息是至关重要的任务。企业需要建立严格的隐私保护政策,并通过技术手段确保其执行。匿名化客户数据是一种有效的方法,通过删除或替代个人身份信息,企业可以在提供服务的同时降低客户隐私泄露的风险。技术支持团队的培训也是保护隐私的重要环节,员工需具备处理客户信息的操守和技能。

建立数据安全的技术基础设施对财务风险自动化至关重要。采用安全的云计算平台和网络防火墙可以有效防范外部攻击。定期进行安全性评估和漏洞扫描,及时发现和修复潜在的安全漏洞,有助于提高系统的整体安全性。在技术支持方面,采用高度安全的远程支持工具,以确保在提供技术支持的过程中不会泄露客户的敏感信息。

第四节　企业财务内部控制的监控与持续改进

一、企业财务内部控制风险监控

（一）监控体系建立

在建立企业财务内部控制风险监控体系时，必须全面考虑财务管理的多个方面，以确保企业财务活动的正常运转和风险的有效控制。监控体系的建立需要从制度设计、信息流程、人员分工和技术支持等多个维度入手，形成一个全面、系统的监控机制，为企业提供可靠的财务风险管理支持。

制度设计是建立监控体系的基础。企业需要建立明确的财务管理制度，明确财务职责、权限和审批流程。这包括明确财务报告的编制标准、审计程序、费用报销流程等方面的规范。通过制度的建立，企业能够为财务内部控制提供明确的指导，降低财务操作的风险。

信息流程的畅通与规范是监控体系的核心。财务信息是企业经营的重要依据，因此，建立高效的信息流程至关重要。企业需要确保财务信息的采集、传递和处理过程中不出现信息滞后、丢失或篡改的问题。这需要建立完善的财务信息系统，实现不同部门之间的信息共享，提高信息处理的准确性和及时性。

人员分工也是财务内部控制的重要环节。企业需要明确不同岗位的职责和权限，并建立相应的审计机制。对于核心财务岗位，应当实施双重授权制度，确保财务活动得到多方监控。通过不定期的内部审计和财务培训，提高员工对财务控制的重视和敏感度，减少内部人员的不当行为。

技术支持在监控体系建立中扮演着重要的角色。企业可以借助先进的财务管理软件和数据分析工具，实现对财务活动的实时监控和分析。通过建立财务大数据分析平台，企业可以更好地发现潜在的财务风险，并及时采取相应的措施。技术支持还可以帮助企业建立完善的数据备份和恢复机制，防范由于技术故障或数据丢失引起的财务风险。

监控体系的建立还需要注重外部环境的监测。企业财务活动受到宏观经济、法规政策等多方面的影响，因此，企业需要建立与外部环境监测相结合的监控机制。通过关注市场变化、政策法规的调整等信息，企业能够更好地预测潜在的外部风险，及时调整财务策略，降低财务活动受到的外部风险影响。

（二）风险事件的识别与评估

1. 实时监控系统的应用

企业在当今日益竞争激烈的商业环境中，面临着日益复杂和多变的财务风险。为了有效防范和控制这些风险，实时监控系统的应用已经成为企业财务内部控制中的一项关键措施。实时监控系统的强大功能使其成为财务风险监控的重要工具，通过及时发现和响应潜在的问题，有助于提高企业内部控制的效力。

实时监控系统的应用对企业的财务内部控制具有显著的优势。通过实时监控系统，企业能够迅速获取财务数据并进行实时分析。这使得企业能够在最短的时间内识别出潜在的风险因素，有助于采取及时的措施，防止问题进一步扩大。这种快速的响应能力提高了企业对风险的应对速度，增强了内部控制的实时性和灵活性。

实时监控系统的应用有助于提高财务数据的准确性。通过自动化的数据采集和监控过程，系统能够减少人为干预和错误的可能性，提高数据的精确性。这对于财务决策和内部控制的有效性至关重要。准确的财务数据为企业提供了可信的基础，有助于确保财务报告的真实性，降低了因错误数据而引发的财务风险。

实时监控系统还能够通过规则引擎和警报系统，对潜在风险进行实时识别和预警。系统能够根据预设的规则和标准，自动检测异常情况，并在发现问题时立即发出警报。这种实时的监控和预警机制，使企业能够在问题发生之前及时采取措施，有效降低了潜在风险对企业的财务造成的影响。

在实时监控系统的应用中，强调对异常模式和趋势的识别，有助于提高风险监控的精细度。通过对财务数据的实时分析，系统可以发现不符合正常模式的行为，进而追踪可能存在的异常趋势。这种精细的监控有助于企业更好地了解财务运作的变化，及时调整内部控制策略，保障企业在竞争激烈的市场中的稳健运行。

实时监控系统的应用对于建立持续改进的内部控制机制也具有积极的影响。通过不断收集和分析财务数据，系统能够为企业提供宝贵的反馈信息，帮助企业发现内部控制的薄弱环节。企业可以根据实时监控的结果，及时调整和优化内部控制的流程和策略，不断提升内部控制的质量和效果。

实时监控系统的应用对于企业财务内部控制风险监控具有重要的意义。通过实现对财务数据的实时获取、准确性的提高、异常模式的识别和内部控制机制的不断优化，企业能够更好地应对财务风险，提高内部控制的实时性和精细度，从而保障企业的持续稳健运营

2. 风险事件的评估与分类

在企业管理中，风险事件的评估与分类以及财务内部控制的风险监控是关键的管理活动。风险评估是企业面对不确定性时的一项必要过程，通过对风险的分类与评估，企业能够更好地理解风险的性质和潜在影响。财务内部控制风险监控则是保障企业财务数据准确性和可靠性的重要手段，它有助于预防潜在的错误和滥用，维护企业的财务健康。

风险事件的评估与分类是建立有效风险管理体系的基础。对风险的评估不仅需要考虑风险的概率，还需关注潜在的影响。通过对风险事件进行细致的分类，企业能够更全面地理解不同类型的风险所带来的挑战。这种分类有助于企业区分关键风险和一般风险，使其能够有针对性地制定应对措施，并为资源的优先分配提供指导。

企业财务内部控制的风险监控是确保财务数据准确性和透明性的关键环节。在财务管理中，内部控制是防范错误和欺诈的第一道防线。通过建立有效的内部控制系统，企业能

够规范财务流程，提高数据的可靠性。风险监控需要对财务数据的收集、处理和报告过程进行全面的监测，以及时发现潜在的风险和问题。这种监控不仅限于技术层面，还包括了对人员行为和组织文化的监视，以确保财务流程的合规性和透明度。

财务内部控制的风险监控需要关注的方面包括对数据的准确性和真实性的监控，对财务流程的合规性的监控以及对潜在欺诈行为的监控。这需要建立强大的信息系统以及有效的审计机制。通过监控数据的准确性，企业可以预防由于错误数据导致的财务失误。对财务流程的合规性的监控有助于防范潜在的违规行为，维护企业的声誉。对欺诈行为的监控则需要建立有效的内部审计和风险评估机制，以及时发现潜在的问题和不正当行为。

风险评估与分类以及财务内部控制的风险监控需要有机地结合起来。在进行风险评估时，企业需要关注风险对财务数据的潜在影响，并在建立内部控制系统时，有针对性地考虑不同类型的风险。风险监控需要不断地对财务流程和数据进行审计，以确保内部控制的有效性和持续性。通过对潜在风险的全面评估和分类，企业能够更好地制定内部控制的策略和措施，提高其对财务风险的防范能力。

二、企业内部控制财务风险的持续改进与最佳实践

（一）反馈机制的建立

建立反馈机制是企业内部控制财务风险的必然要求。在这个复杂多变的商业环境中，企业需要不断改进其内部控制体系，以应对各种可能的财务风险。反馈机制作为这一体系的重要组成部分，具有指导性和纠正性的功能，有助于企业更好地发现、分析和应对潜在的风险。

反馈机制需要建立在全面准确的信息基础之上。信息是企业制定决策和控制风险的基石，因此，确保信息的真实可靠至关重要。通过建立完善的信息搜集和报告系统，企业能够及时了解业务运作的各个方面，从而更好地识别潜在的财务风险点。通过引入先进的技术手段，例如数据分析和人工智能，企业可以更加精准地识别和量化风险，为制定有效的风险控制策略提供有力支持。

反馈机制的建立需要强调团队合作和跨部门沟通。财务风险往往涉及到企业各个层面和部门，因此，要想全面了解和控制风险，各个部门之间必须建立高效的信息共享和沟通渠道。通过促进团队合作，企业可以更好地利用内部资源，迅速响应潜在的风险，并及时调整业务运作策略。建立有效的风险管理团队，负责监督和执行内部控制政策，有助于形成风险应对的协同效应。

反馈机制需要注重学习和创新。随着市场环境的不断变化，企业面临的财务风险也在不断演变。因此，企业必须具备灵活的学习和适应能力，及时调整内部控制机制，以适应新的市场挑战。通过不断创新，企业可以更好地发现和利用新的风险管理工具和方法，提高对财务风险的防范和应对水平。

反馈机制需要紧密结合企业的战略目标和价值观。企业内部控制不仅仅是为了规避风

险，更是为了实现企业的长期可持续发展。因此，反馈机制的建立应当以企业战略为导向，确保内部控制与企业整体战略保持一致。通过将风险管理融入企业文化中，建立起全员参与的风险感知机制，企业能够更好地保持对外部环境变化的敏感性，确保内部控制的有效性和适应性。

建立反馈机制是企业内部控制财务风险的重要手段。通过全面准确的信息基础、团队合作和跨部门沟通、学习和创新以及与战略目标和价值观的紧密结合，企业能够更好地识别、分析和应对潜在的财务风险，确保内部控制体系持续改进并达到最佳实践水平

（二）内部控制改进的方法

企业内部控制是确保企业财务报告的可靠性和合规性的重要手段。内部控制改进是企业持续发展的必经之路，特别是在财务风险不断演变的环境中。有效的内部控制系统不仅能够降低财务风险，还能提高企业运营效率，增强股东信心。在追求最佳实践的过程中，企业需要不断创新和优化内部控制措施。

企业应加强对财务风险的识别与评估。这需要全面理解业务运作的各个环节，并深入挖掘潜在的风险因素。通过建立全面的风险评估体系，企业可以更准确地识别潜在的财务风险，为后续的内部控制改进提供有力支持。

建立健全的内部控制政策和流程至关重要。这包括确保财务数据的准确性、及时性和完整性，以及规范各项财务活动的操作流程。通过强化内部控制政策的制定和执行，企业能够有效规避财务风险，提高内部控制的可操作性和有效性。

采用先进的技术手段是内部控制改进的关键一环。随着科技的发展，企业可以利用大数据、人工智能等先进技术来加强对财务风险的监控和预警。通过建立智能化的内部控制系统，企业能够更加迅速、精准地发现潜在问题，并及时采取相应的措施予以解决。

培养员工的内部控制意识也是至关重要的。企业应该通过定期的培训和教育活动，提高员工对内部控制的理解和认知，使其能够在日常工作中自觉遵守内部控制政策和流程，从而构建起一个稳固的内部控制文化。

企业内部控制的改进需要全面考虑业务特点和风险因素，通过建立健全的政策、流程和技术手段，培育良好的内部控制文化，以及持续的监督和评估，不断提高内部控制的有效性和适应性，从而实现财务风险的持续降低和企业整体运营水平的不断提升。

第六章 内部控制对企业财务风险管理的影响

第一节 内部控制与风险预防

一、内部控制在财务风险预防中的基础

(一) 内部控制对风险预防的作用

企业内部控制在财务风险预防中扮演着关键角色。内部控制不仅仅是一种制度，更是一种组织文化的反映，通过其综合作用，能够有效地减缓和规避潜在的财务风险。

财务风险预防的核心在于对信息的准确获取和及时传递。内部控制通过建立健全的信息管理系统，确保信息的真实性和完整性。这不仅包括了财务数据的准确记录，还包括了对于公司经营状况、市场趋势等方方面面信息的全面把控。通过有效的信息管理，企业能够更清晰地认识到潜在的财务风险，提前做好应对准备。

内部控制的角色还体现在对流程的规范与监督。通过建立清晰的业务流程，内部控制能够规范各个环节的操作，降低人为疏漏和错误的可能性。监督机制的建立则能够及时发现和纠正潜在的问题，确保业务流程的高效运转。这种规范和监督的作用，不仅可以有效预防因人为疏忽而导致的财务风险，还能够提升企业的整体运作效率。

在内部控制的框架下，风险评估是一项不可或缺的工作。通过对各类风险的科学评估，企业能够辨识到关键风险因素，并制定相应的控制策略。这种针对性的风险管理，使得企业在面对外部不确定性时能够更具应对能力，从而降低财务风险的发生概率。

内部控制还通过建立权责清晰的组织架构，实现对公司资源的有效管理。通过界定各个岗位的职责范围和权限，内部控制可以确保资源的合理配置，避免因权力滥用或信息不对称而导致的潜在风险。合理的组织结构有助于形成责任心强、高效运作的团队，为财务风险的预防提供了有力支持。

内部控制还通过建立审计和检查机制，对企业的财务状况进行定期检查。这种自审自查的方式不仅有助于发现潜在的问题，也能够确保公司在法律法规框架内经营，避免因违规行为而带来的财务风险。审计机制的建立为公司提供了一种自我监督的手段，有助于提

高整体风险控制水平。

企业内部控制对于财务风险预防的作用体现在对信息的准确管理、流程的规范监督、风险的科学评估、组织结构的合理设计以及审计机制的建立等多个方面。通过这些综合作用，内部控制为企业提供了一套系统性、全面性的风险管理方案，使得企业能够更好地应对复杂多变的商业环境，确保财务风险的可控性和可预见性。

（二）内部控制法规与企业财务风险预防标准的遵循

1. SOX法案对内部控制的要求

SOX法案（萨班斯-奥克斯法案）是美国于2002年颁布的一项法律，它对企业内部控制提出了严格的要求。SOX法案的主要目的是保护投资者利益、提高财务报告的透明度，并防范企业内部财务舞弊行为。法案中明确规定了一系列关于内部控制的要求，这些要求在一定程度上成为企业内部控制法规与财务风险预防标准的基础。

SOX法案强调了企业高层管理人员对财务报告的责任。法案要求公司首席执行官（CEO）和首席财务官（CFO）对其公司内部控制的有效性负有直接的责任，包括评估和报告内部控制的有效性。这一规定旨在确保公司高层管理层对财务报告的真实性和准确性负起最终的责任，防范公司内部舞弊行为。

SOX法案规定了审计委员会的角色和职责。法案要求上市公司设立独立的审计委员会，负责监督公司的内部控制和财务报告。审计委员会的独立性有助于确保对公司内部控制的独立监督，防范潜在的财务风险。审计委员会还要负责聘请和监督公司的外部审计师，加强了对公司财务报告的独立审计。

SOX法案强调了对内部控制的评估和报告。公司必须对其内部控制进行全面的评估，包括对财务报告存在的潜在风险的评估。公司的管理层需要对内部控制的有效性发表公开的陈述，并对任何内部控制的缺陷进行及时报告。这一要求有助于提高公司对内部控制的自我监督和管理水平，及时发现和纠正可能存在的财务风险。

SOX法案还规定了对公司财务报告的内部和外部审计程序。法案要求公司的内部审计人员对公司内部控制的有效性进行独立审计，确保公司的财务报告真实、准确、完整。与此公司还需要由独立的外部审计师进行财务报告的审计，以提高审计的独立性和客观性，减少潜在的内部干预和操纵。

SOX法案强调了对公司记录和报告的合规性。法案规定了对公司财务记录和报告的准确性和完整性的要求，包括要求公司建立合理的内部控制程序，以确保公司的财务记录不受内部或外部的干扰。这一要求有助于预防潜在的公司财务欺诈行为，维护投资者的权益。

SOX法案对企业内部控制提出了一系列明确的要求，包括对高层管理人员的责任、审计委员会的职责、内部控制的评估和报告、审计程序的规定以及对公司记录和报告的合规性要求。这些规定构成了企业内部控制法规与财务风险预防标准的基础，帮助企业建立起更加完善、透明和有效的内部控制体系，从而提高财务报告的可靠性，降低潜在的财务风险。

2. 国际财务报告准则（IFRS）中的内部控制规定

国际财务报告准则（IFRS）是全球范围内通用的财务报告标准，其对企业内部控制的规定具有重要意义。IFRS 要求企业建立和维护有效的内部控制体系，以确保财务报告的真实性和公正性。内部控制法规在 IFRS 框架下不仅是一种法定要求，更是企业预防财务风险的基石。

IFRS 要求企业制定明确的内部控制政策，并确保其执行得到有效实施。这一规定强调了内部控制的全面性和可操作性，使得企业在财务报告过程中能够更好地应对风险。IFRS 还强调了内部控制的适应性，要求企业在不同业务环境和风险水平下灵活调整内部控制措施，确保其始终能够有效防范潜在风险。

在 IFRS 的框架下，企业需要建立对财务报告过程中的关键风险进行有效评估的机制。这不仅要求企业全面了解自身业务和市场环境，还需要借助专业知识和技术手段，深入挖掘潜在的财务风险。

IFRS 要求企业建立有效的内部控制流程，以确保财务数据的准确性、及时性和完整性。这一规定要求企业规范各项财务活动的操作流程，通过建立清晰的内部控制流程，企业能够更好地规避潜在的财务风险，提高内部控制的可操作性和有效性。

在内部控制法规方面，IFRS 要求企业充分利用先进的技术手段，以提高内部控制的效率和精确性。IFRS 认可大数据、人工智能等技术在财务管理中的作用，鼓励企业采用这些先进技术来加强对财务风险的监控和预警。IFRS 还强调了内部控制文化的培养，要求企业通过培训和教育活动提高员工对内部控制的理解和认知。这一要求强调了内部控制不仅仅是制度和流程的执行，更是一种企业文化的体现。通过培养员工的内部控制意识，企业能够在日常工作中形成稳固的内部控制文化，使其成为企业运营的自觉约束力。

IFRS 要求企业建立完善的内部审计机制，定期对内部控制系统的执行情况进行全面检查。这一规定强调了内部控制的持续监督和评估的必要性，通过及时发现和纠正存在的问题，企业能够不断完善内部控制体系，保持其与风险环境的匹配度，从而实现财务风险的持续降低和企业整体运营水平的不断提升。

二、内部控制在财务风险预防中的实际应用与最佳实践

（一）内部控制在财务风险预防中的应用

内部控制在财务风险预防中的实际应用与最佳实践是企业经营管理中的关键环节。内部控制的有效性直接影响着企业财务风险的预防与控制。在实际应用中，企业可以通过明晰的目标设定、科学的流程设计、强化信息披露、建立有效的监督机制等手段，全面提升内部控制在财务风险预防中的效能。

企业需要在内部控制中设定明确的财务风险预防目标。这包括对潜在风险的认知和理解，明确每个业务环节中可能涉及的财务风险类型。通过设定明确的目标，企业能够更好

地对财务风险进行识别、分析和量化，为制定切实可行的内部控制策略提供指导。

科学的流程设计是内部控制在财务风险预防中的重要组成部分。企业需要建立完善的财务流程，确保每个环节都经过仔细设计和有效监控。这包括财务报告的准备、审核、审批等各个环节，以及与其他业务流程的协同。通过科学的流程设计，企业能够有效减少操作风险和人为疏漏，提高内部控制的实际操作效果。

强化信息披露是内部控制在财务风险预防中的关键一环。企业应该建立透明度高、及时准确的信息披露机制，确保相关信息能够被及时传达给关键利益相关方，降低信息不对称风险。透明的信息披露有助于及早发现潜在的财务风险，从而能够采取迅速有效的措施进行干预和调整。

建立有效的监督机制是内部控制在财务风险预防中的关键环节。企业应该设立独立的审计委员会，加强对内部控制的监督和评估。审计委员会需要定期对公司内部控制的有效性进行独立审计，发现潜在问题并提出改进建议。这种独立监督机制有助于弥补内部自我监督的不足，提高内部控制的水平。

培养员工风险意识也是内部控制在财务风险预防中的实际应用之一。企业应该通过培训和教育，提高员工对财务风险的认识，激发员工的风险防范意识。通过建立企业文化中的风险防范理念，员工能够更加主动地参与到内部控制中，降低潜在的人为错误和疏漏。

内部控制在财务风险预防中的实际应用需要综合运用目标设定、科学流程设计、信息披露、监督机制、员工培养等手段。最佳实践是将内部控制融入企业的日常经营管理中，形成一个协同、有机的体系。通过不断优化和改进，企业能够更好地应对复杂多变的财务风险，提高预防财务风险的效力，确保企业的可持续发展。

（二）内部控制在财务风险预防应对中的角色

企业财务风险预防中，内部控制发挥着关键的角色。内部控制不仅是一种法定要求，更是企业保障财务数据真实性和合规性的重要手段。

在财务风险预防中，内部控制的角色不仅仅是对财务报告的监管，更是对企业运营活动中潜在风险的防范和控制。企业首先需要全面了解自身业务，深入挖掘可能存在的风险因素。这一认知的过程是内部控制实际应用的第一步，通过对业务的深入了解，企业能够更准确地评估潜在的财务风险，为后续内部控制的制定提供基础。

内部控制在实际应用中要求企业建立明确的内部控制政策和流程。这包括规范财务数据录入、审核、报告等关键环节的操作流程，以确保财务数据的准确性、及时性和完整性。建立清晰的内部控制政策和流程是防范潜在财务风险的基础，只有通过规范的操作流程，企业才能有效地规避财务活动中可能存在的风险。

技术手段在内部控制的实际应用中发挥着越来越重要的作用。企业可以充分利用大数据、人工智能等先进技术，通过建立智能化的内部控制系统，加强对财务风险的监控和预警。技术手段的应用能够使企业更加迅速、精准地发现潜在问题，提高内部控制的效率和精确性。

除了制度和技术层面，内部控制在实际应用中还需要关注员工的内部控制意识。企业可以通过培训和教育活动提高员工对内部控制的理解和认知。培养员工的内部控制意识不仅仅是遵守制度，更是形成一种稳固的内部控制文化。只有在员工自觉遵守内部控制政策和流程的基础上，内部控制才能在实际应用中发挥最大的效果。

持续的监督和评估是内部控制实际应用的重要环节。企业需要建立完善的内部审计机制，定期对内部控制系统的执行情况进行全面检查。通过及时发现和纠正存在的问题，企业能够不断完善内部控制体系，保持其与风险环境的匹配度。持续监督和评估是内部控制实际应用中不可或缺的环节，只有通过持续的自我审视，企业才能保持对财务风险的有效预防和控制。

内部控制在财务风险预防中扮演着关键的角色。实际应用中，最佳实践包括对财务风险全面的认知、建立清晰的内部控制政策和流程、充分利用技术手段、培养员工的内控意识，以及持续监督和评估内部控制的执行情况。只有在这些方面全面发力，企业才能更好地预防潜在的财务风险，确保财务报告的真实性和合规性。

（三）内部控制与财务风险预防报告

在当今复杂多变的商业环境中，内部控制在财务风险预防中发挥着至关重要的实际作用。企业需要在实践中深入理解内部控制的本质，并结合最佳实践，创造性地应用于财务风险管理中。这涉及到对业务流程、信息系统、组织文化等多个方面的综合考量。

实际应用中，内部控制通过对企业的业务流程进行深入分析和规范，帮助公司有效识别潜在的财务风险。通过建立清晰、透明的业务流程，企业能够减少操作中的疏漏和错误，提高信息的准确性。例如，通过确保财务核算流程的透明度，公司可以及时发现并修正可能导致错误财务报告的环节，从而预防财务风险的发生。

内部控制在实际应用中注重信息系统的建设与运用，通过先进的技术手段提高风险识别和监测的效率。企业可以利用数据分析、人工智能等技术工具，对大量的财务数据进行实时监控和分析，以发现异常和潜在的风险信号。这样的信息系统不仅提高了财务数据的准确性，也使企业能够更敏锐地察觉可能的财务风险，并及时采取措施进行干预和预防。

在实际应用中，内部控制还注重组织文化的塑造，通过树立风险防范的理念，激发员工的风险意识。企业可以通过培训、沟通等方式，让员工深刻理解财务风险的重要性，使他们能够在日常工作中主动地参与风险管理。这种内部控制文化的建设不仅有助于提高员工的主动性，还能够在源头上防范潜在的财务风险。

实际应用中的内部控制强调风险评估的重要性。企业需要在风险评估过程中全面考虑内部和外部的各类风险，制定相应的风险管理策略。通过科学的评估，企业能够确定关键的财务风险因素，并采取相应的控制措施，从而降低风险的概率和影响程度。

在财务风险预防的实际应用中，内部控制还注重组织结构的合理设计。通过建立权责清晰、层级分明的组织架构，企业能够有效地避免权力滥用和信息不对称所带来的财务风险。这种结构的建立使得责任更加明确，减少了内部控制的漏洞，为财务风险的预防提供了坚实的基础。

实际应用中内部控制通过建立审计和检查机制，实现对财务状况的及时监测。定期的审计工作不仅有助于发现潜在的问题，还能够保证公司的财务活动在法律法规框架内运营。这种自我监督机制有助于提高整体风险控制水平，确保公司能够在合规的前提下运作，从而降低财务风险的发生概率。

第二节　内部控制与风险检测

一、内部控制在财务风险检测中的基础与原理

（一）内部控制对风险检测的作用

内部控制在风险检测中的作用是至关重要的，它构成了企业财务风险管理的基础与原理。内部控制通过一系列系统性的措施和机制，有力地支持企业对财务风险的检测和管理。

内部控制通过建立合理的风险评估框架，帮助企业准确识别潜在的财务风险。风险评估是内部控制的核心环节，它涉及到对公司业务运作的全面理解和对各种潜在风险的深入分析。通过建立科学有效的评估框架，企业能够更加全面地了解内部和外部环境中可能存在的各类财务风险，为后续的检测和防范提供有力支持。

内部控制通过建立合理的信息系统，提高了风险检测的精准性和时效性。信息系统是企业内部控制的一个重要组成部分，它不仅涉及到信息的准确记录和及时传递，还包括对信息的分析和利用。通过建立科技先进的信息系统，企业能够更加精确地监测各个业务环节中可能存在的异常情况，及时发现潜在的财务风险，提高对风险的感知和应对能力。

（二）内部控制点的设立与优化

在财务风险检测中，内部控制点的设立和优化是确保企业财务稳健的基础和原理之一。内部控制点的设立旨在建立一套有效的体系，以监控、评估和纠正可能影响财务稳健性的风险因素。其优化则旨在不断提升这一体系的适应性和效果，以应对不断变化的商业环境和不断涌现的财务风险。

在设立内部控制点时，企业需要全面考虑业务流程的各个环节，从而明确风险的来源和传播路径。这需要对公司的组织结构、业务模式、信息系统等进行深入分析，以便精准地确定内部控制点的位置。比如，在资金流程中，可以设立内部控制点以监控资金的流向，确保合规性和准确性。通过全面分析业务流程，企业能够明确内部控制点的设立范围，有针对性地制定风险预防和控制策略。

内部控制点的设立不仅仅是为了防范财务风险，更是为了提高财务信息的准确性和透明度。在日常财务活动中，企业可以通过建立内部控制点来监控数据输入、处理和输出的每一个环节，从而确保财务信息的准确性。比如，在财务报表的编制过程中，可以设置内

部控制点以验证数据的真实性和完整性，以防止错误或意外事件对财务信息的影响。

内部控制点的设立还有助于提高员工的责任心和工作效率。通过在业务流程中设置明确的控制点，企业可以明确员工的职责和权限，避免信息不对称和权责不清所带来的财务风险。内部控制点的存在能够激发员工的主动性，使其更加关注和关心财务风险的防范，从而提高整体的工作效率。

内部控制点的优化还需要注重人才的培养和引进。建立一个高效的内部控制体系离不开具备专业知识和经验的人才。企业需要不断培养内部控制人才，使其具备对财务风险的深刻理解和敏锐洞察力。引进外部专业人才也是提升内部控制点效果的重要手段，他们能够带来新的理念和方法，促使企业的内部控制体系不断创新和完善。

在优化内部控制点的过程中，企业还需要关注文化建设。建立一种积极的风险防范文化，使每个员工都能够理解和认同内部控制的重要性，是优化内部控制点不可忽视的一环。通过文化建设，企业能够形成共同的价值观和行为准则，从而推动内部控制点更好地发挥作用。

内部控制点的设立和优化是企业确保财务稳健的基础和原理。通过明确业务流程、保障财务信息的准确性、提高员工的责任心和效率，内部控制点能够在财务风险检测中发挥重要作用。为了适应不断变化的商业环境，企业需要不断优化内部控制点，引入先进技术，培养专业人才，注重文化建设，以确保内部控制体系的持久有效性。

二、内部控制在财务风险检测中的实际应用与最佳实践

（一）内部控制的财务风险检测识别

财务风险检测是企业内部控制体系中至关重要的一环。内部控制在财务风险检测中的实际应用与最佳实践主要体现在以下几个方面。

企业应该建立完善的风险识别机制。这包括对各种潜在财务风险的识别和分类。企业需要对市场风险、信用风险、流动性风险等进行全面的了解，针对不同的业务环节和财务活动，精准地进行风险分类。

内部控制在财务风险检测中需要注重数据的准确性和完整性。数据是内部控制的基础，也是财务风险检测的重要依据。企业应该建立科学有效的数据采集、存储和处理机制，确保数据的真实性和完整性。通过建立高效的数据管理系统，企业能够更加准确地分析和评估财务风险，及时发现潜在问题。

企业内部控制需要强化对关键业务流程的监测和检测。关键业务流程往往是财务风险的高发区域，企业应该建立有效的监测机制，对关键业务流程进行实时监控。这包括对财务报告、支付流程、账务核算等方面的监测。通过实时监测关键业务流程，企业能够更及时地发现潜在的财务风险，采取迅速有效的措施进行干预。

建立有效的内部审计机制是财务风险检测的关键一环。审计人员需要全面了解企业的财务运作，并通过有效的审计程序，发现潜在的财务风险。通过建立有效的内部审计机

制，企业能够及时纠正内部控制的不足，提高对财务风险的检测和管理水平。

(二) 内部控制在财务风险检测防范中的应用

企业财务风险的检测与防范是内部控制的重要任务之一。内部控制的应用在财务风险方面体现在多方面，实际应用需要基于业务特点和风险状况，采取最佳实践以提高效果。

内部控制在财务风险检测方面的应用基于全面的风险评估。通过对业务流程和环境进行细致的了解，企业能够更全面地识别各类潜在财务风险。这种全面性的评估使得内部控制能够有针对性地制定相应的控制策略，从而提高财务风险的检测和防范能力。

内部控制在实际应用中注重建立有效的内部控制政策和流程。通过清晰规范的政策，企业能够在财务活动中确保合规性和透明度。建立高效的流程能够降低财务错误和不当行为的发生概率，从而提高财务风险的检测和防范效果。

内部控制在实际财务风险管理中，强调信息系统的有效性。建立先进的信息系统是财务风险检测的关键一环，通过科技手段，企业能够实现对财务数据的实时监测和分析。这种技术应用不仅提高了财务风险的发现速度，还降低了操作失误的可能性，为内部控制的有效实施提供支持。

内部控制的实际应用还涉及到员工培训和教育。通过培养员工的内部控制意识，企业能够在日常财务工作中实现规范操作。员工的专业素养和内部控制的贯彻执行，直接影响了财务风险的检测和防范水平。因此，培训计划和教育活动是内部控制的不可忽视的一部分。

实际应用中，内部控制需要关注风险事件的实时监测和及时响应。通过建立灵活的风险预警机制，企业能够在财务风险发生之初迅速发现异常情况。这种即时响应的能力，有助于防止潜在风险的进一步发展，减小可能的损失。

在最佳实践中，内部控制需要不断改进和优化。企业应该建立定期的内部审计机制，通过对内部控制系统的评估，发现潜在问题并及时进行调整。这种持续改进的理念有助于保持内部控制系统与业务环境的匹配度，从而提高财务风险的检测和防范效果。

内部控制最佳实践强调团队协作和沟通。建立畅通的内部沟通渠道，使不同部门之间能够及时分享信息，形成共同防范财务风险的共识。团队协作能够形成整体防范，提高对潜在风险的综合应对能力。

内部控制在财务风险检测中的应用强调全面评估、建立规范政策和流程、充分利用信息系统、员工培训和教育、实时监测与响应、持续改进和优化、团队协作与沟通等方面。这些实际应用与最佳实践的原则，使得内部控制能够更加全面、灵活、高效地应对财务风险，确保企业的财务运营更加安全可靠。

(三) 内部控制在财务风险检测应对中的角色

在财务风险检测中，内部控制扮演着至关重要的角色，其作用不仅仅是防范和发现财务风险，更是在企业运作中保障财务信息的真实性、合规性和透明度。内部控制在财务风险检测中的实际应用与最佳实践体现在多个方面，包括业务流程、信息系统、组织文化、风险评估以及监测机制等。

内部控制通过规范和优化业务流程,实现对财务风险的有效检测。企业需要全面了解自身的业务流程,明确每个环节的职责和权限,从而建立起一套合理的内部控制机制。例如,在采购流程中,可以设立内部控制点来确保供应商的资质和产品质量,以防范潜在的供应链风险。通过细致入微的业务流程管理,内部控制可以在源头上发现潜在财务风险,确保财务信息的可靠性。

第三节 内部控制对风险应对与应急计划的作用

一、内部控制在财务风险应对中的基础与原理

(一) 内部控制在财务风险应对中的背景

在当今全球经济环境的不断变化中,企业面临着多样化、复杂化的财务风险,这使得内部控制在财务风险应对中变得至关重要。财务风险不仅仅关乎企业的经济利益,更涉及整个金融市场的稳定性和投资者的信心。因此,建立有效的内部控制机制,成为企业应对财务风险的迫切需求。

内部控制在财务风险应对中的基础与原理。内部控制的首要任务是建立有效的风险识别与评估机制。通过全面了解公司业务运作和外部环境,对各类潜在风险进行深入分析和评估,形成科学的风险框架。这使得企业能够明确财务风险的来源、性质和可能的影响,为后续的应对提供有力支持。内部控制需要建立健全的信息系统,确保数据的准确性和及时性。内部控制在财务风险应对中的基础与原理主要包括风险识别与评估、信息系统的建立与优化、审批与授权制度、内部审计机制、员工风险意识的培养等方面。这些基础与原理的实际应用为企业提供了全面的财务风险管理支持,有助于企业在动荡不安的市场中保持经济健康和可持续发展。

(二) 内部控制在财务风险应对中的作用

1. 内部控制在风险识别与评估中的角色

在财务风险的应对中,内部控制发挥着至关重要的角色,主要体现在风险识别与评估这一关键环节。内部控制在这方面的角色基于其对企业运营环境的全面了解以及对风险应对原理的贯彻执行。

内部控制在风险识别中的角色体现在全面的业务流程了解。通过深入了解企业的各项业务活动和运营环境,内部控制能够全面把握潜在的风险点。这种全面性的了解是风险识别的基础,只有在深入了解业务流程的基础上,企业才能更准确地识别财务风险的薄弱环节。

内部控制在风险评估中的角色基于科学合理的风险评估方法。通过建立科学的风险评估模型,内部控制能够根据风险的可能性和影响程度,对各类风险进行定量或定性的评

估。内部控制在风险应对中的基础体现在建立清晰的内部控制政策和流程。在识别和评估了财务风险之后,内部控制需要建立相应的控制策略和流程,以规范业务活动,减少财务风险的发生可能性。清晰的政策和流程是内部控制的基础,也是风险应对的前提。

内部控制在风险应对中的原理基于强调持续监控和反馈。持续监控强调了风险应对不是一次性的任务,而是需要不断调整和适应的过程。

内部控制在财务风险应对中的原理还包括内部控制的整体性和系统性。财务风险往往涉及企业的各个方面,因此,内部控制需要以整体性的视角来考虑。

内部控制在财务风险应对中强调不断学习和改进。通过建立内部审计机制,企业能够对内部控制的执行情况进行全面检查。这种不断学习和改进的原理,使得企业能够及时发现问题,不断完善内部控制体系,提高财务风险的应对水平。

2. 内部控制在风险防范与应对中的应用

在财务风险的防范与应对中,内部控制起着关键作用。其应用基于对企业整体运作环境和财务状况的全面理解,以及对潜在风险的精准把控。内部控制在财务风险应对中的基础和原理体现在多个方面,包括业务流程管理、信息系统建设、组织文化塑造、风险评估以及监测机制的建立。

内部控制通过规范业务流程,实现对潜在财务风险的防范。通过业务流程的规范管理,内部控制可有效减少操作失误和不当行为,为财务风险防范奠定基础。

内部控制通过信息系统的建设和运用,提高对财务风险的敏感性和及时性。信息系统的建设使内部控制能够更迅速地对财务风险进行识别和应对,增强了内部控制的实效性。

在财务风险应对中,内部控制还注重组织文化的塑造。通过培养一种积极的风险防范文化,使每个员工都能够理解和认同内部控制的重要性,内部控制可以在企业内部形成一种共同的价值观和行为准则,推动整体风险管理水平的提升。例如,在企业内树立对违规行为的零容忍文化,能够有效预防财务风险的发生,使员工更加自觉地遵循内部控制的规定。

内部控制在应对财务风险时强调风险评估的科学性。财务风险的应对并非一劳永逸,而是需要不断进行优化和改进。在实际应用中,内部控制需要不断学习和适应变化的商业环境和法规要求,及时调整内部控制策略和措施。优化内部控制的过程需要企业不断关注市场趋势、法规变化和内外部风险因素的变化,从而保持内部控制的有效性。

内部控制在财务风险的防范与应对中具有不可替代的重要性。通过规范业务流程、引入信息技术、塑造组织文化、进行风险评估以及建立监测机制等方面的实际应用,内部控制不仅能够有效防范潜在的财务风险,更能够在企业内部确保财务信息的准确性和透明度。

二、内部控制在财务风险应对与应急计划中的实际应用与最佳实践

(一)内部控制在财务风险应对中的应用

企业在财务风险应对中,内部控制的应用是其经营管理中的关键组成部分。内部控

通过一系列的机制和策略，有力地支持企业在财务风险发生时的应对与应急计划的实施。

内部控制在财务风险应对中的应用体现在风险识别与评估阶段。企业需要建立科学有效的风险评估机制，全面了解公司业务运作和外部环境，对各类潜在风险进行深入分析和评估。通过建立全面的风险框架，企业能够更好地识别各类财务风险，为后续的应对提供有力支持。

内部控制在财务风险应对中的应用需要注重信息系统的建立与优化。企业应该建立健全的信息系统，确保数据的准确性和及时性。科技手段有助于实现对各个业务环节的实时监测和信息披露，提高对潜在财务风险的感知和应对能力。信息系统的建立不仅是内部控制的基础，更是财务风险应对的关键支撑。

内部控制通过审批与授权制度的建立，规范了企业财务活动的进行，减少了风险的产生和蔓延。合理的审批流程和授权机制有助于防范潜在的财务风险，降低因为违规操作而导致的风险事件发生的可能性。审批与授权制度的实施使得企业能够更有序地进行财务活动，确保决策的合理性和合法性。

内部控制在财务风险应对中需要通过建立有效的内部审计机制，加强对财务风险的监督和检测。内部审计应该独立于被审计的部门，对公司内部控制的有效性进行独立审计和评估。通过内部审计的实施，企业能够更好地发现潜在的财务风险，并在早期阶段采取适当的措施进行干预，提高财务风险的检测水平。

内部控制在财务风险应对中需要注重员工风险意识的培养。员工是企业内部控制的执行主体，他们的风险意识和防范能力直接关系到财务风险的检测和管理水平。员工的参与能够形成一个有机的风险防范体系，降低潜在的人为错误和疏漏。

在最佳实践中，企业需要将风险识别与实时监测相结合，建立科学完善的内部审计机制，并注重员工的风险培训。内部控制的应用需要全员参与，形成一个协同、有机的体系。

（二）内部控制在财务风险应急计划中的角色

企业财务风险应对与应急计划的制定和实施，需要充分发挥内部控制的关键作用。内部控制在这一过程中既是财务风险的预防者，也是应急时的有力支持者。其实际应用与最佳实践体现在多个方面，构筑了企业财务风险应对的坚实基础。

内部控制在财务风险应对与应急计划中的实际应用依赖于全面的风险评估。企业需要全面了解潜在的财务风险，包括市场风险、信用风险、操作风险等。通过深入的风险评估，内部控制可以有针对性地制定应对策略，确保企业能够在应急情况下迅速做出决策，降低潜在风险带来的损失。

内部控制在实际应用中注重制定清晰的财务风险应急计划。财务风险应急计划是对潜在风险的预先规划，是内部控制的有力体现。应急计划需要明确财务风险应对的流程、责任人、决策机制等关键要素，确保在危急时刻能够迅速有效地启动计划，保障企业的财务稳定性。

内部控制在实际应用中，强调建立信息系统的实时监控机制。财务风险的应对需要基于准确和及时的信息。通过建立先进的信息系统，内部控制能够实现对财务数据的实时监测和分析。这种实时监控的机制，使得企业能够在财务风险发生时能够迅速了解情况，做出及时的决策。

在最佳实践中，内部控制强调建立多层次的决策机制。财务风险应对需要跨足不同层级和部门，需要多方协同合作。

实际应用中，内部控制注重员工培训与模拟演练。应急计划的有效执行离不开员工的配合和执行。通过培训和模拟演练，内部控制能够提高员工的危机应对意识和能力，使得应急计划得以更好地实施。

内部控制在应对财务风险时强调及时的风险沟通与信息共享。在危急时刻，内部控制需要通过及时有效的沟通机制，确保各级管理层和相关部门能够及时了解风险信息。信息共享是内部控制应对财务风险的重要手段，有助于形成整体协同，迅速制定出有力的对策。

最佳实践中，内部控制强调建立灵活的危机管理团队。这个团队由各个部门的专业人员组成，负责财务风险的实时监测和应对。灵活的危机管理团队能够迅速响应危机，制定并执行有效的财务风险应急计划，提高企业在危机时刻的抗风险能力。

内部控制在财务风险应对与应急计划中的实际应用与最佳实践体现在全面的风险评估、清晰的财务风险应急计划、信息系统的实时监控机制、多层次的决策机制、员工培训与模拟演练、及时的风险沟通与信息共享、灵活的危机管理团队等方面。这些实际应用与最佳实践的原则相互交融，形成了财务风险应对的完整体系，为企业建立起强大的财务风险防线。

（三）成功案例分析

在财务风险应对方面，内部控制在成功案例中通过对业务流程的规范管理发挥了关键作用。以一家制造业企业为例，该企业在销售环节设立了内部控制点，通过验证客户的信用情况，以及时发现可能产生的坏账风险。通过对销售流程的规范管理，企业在销售过程中能够及时预警并规避潜在的财务风险，保障了财务信息的准确性。

内部控制通过信息系统的建设，提高了对财务风险的检测效率。该成功案例中的企业引入了先进的数据分析技术，通过对大量的财务数据进行实时监测和分析，成功地发现了异常的财务活动。这一信息系统的建设不仅提高了财务风险检测的效率，还使企业能够更敏锐地察觉潜在的风险信号，及时采取措施进行应对。

在组织文化方面，内部控制在成功案例中通过塑造积极的风险防范文化，使员工更具风险意识和主动性。企业通过培训和沟通，让员工深刻理解财务风险的重要性，形成了对风险的共同认知。这种风险防范文化的建设使得员工在日常工作中更加注重内部控制，提高了整体的风险防范水平。

在风险评估方面，内部控制在成功案例中通过科学的风险评估，识别了关键的财务风险因素。企业在市场环境发生变化时，进行了对外汇风险的全面评估，并相应地调整了风险管理策略。这种有针对性的风险评估为企业避免了因汇率波动而导致的财务损失，体现了内部控制在财务风险应对中的科学性和实效性。

在监测机制的建立方面，内部控制在成功案例中通过建立审计和检查机制，及时监测企业财务状况。企业定期进行内部审计工作，通过对财务活动的检查，发现并纠正了一些潜在的问题。这一监测机制的建立不仅有助于财务风险的及时发现，还能够确保公司的财务活动在法律法规框架内运营，提高了整体的合规性。

在应急计划方面，内部控制在成功案例中通过对财务风险的及时响应和灵活应变，取得了积极的成效。企业在面临紧急情况时，能够迅速调整内部控制策略，采取紧急措施，防范潜在的财务风险。这种灵活的应变能力使企业能够更好地保障财务信息的安全性和稳健性，确保企业在面临突发情况时能够迅速适应变化。

成功案例也表明，内部控制的应对与应急计划仍需不断进行优化。通过对市场趋势、法规变化和内外部风险因素的持续关注，企业能够更好地适应变化的商业环境，及时调整内部控制策略和措施，确保其持续有效。

成功案例中内部控制在财务风险应对与应急计划中的实际应用与最佳实践体现在业务流程管理、信息系统建设、组织文化塑造、风险评估以及监测机制等方面。通过这些实际应用与最佳实践，企业能够更好地保障财务信息的稳健性，提高风险防范水平，使其在竞争激烈的市场环境中取得成功。

第四节 内部控制对财务风险管理的持续改进

一、内部控制在财务风险管理中的基础与原理

（一）内部控制在财务风险管理中的背景

企业在面对复杂多变的市场环境和竞争压力时，财务风险管理变得尤为关键。在这个背景下，内部控制成为维护财务稳定性和可持续发展的基石。内部控制在财务风险管理中扮演着至关重要的角色，其基础和原理构建了企业财务风险管理的框架，有助于企业在变幻莫测的商业环境中应对挑战，确保财务安全、健康地运作。

财务风险管理的背景是全球化和数字化的推动。全球市场的相互联系使得企业面临来自各个方向的潜在财务风险，如外汇风险、市场波动等。数字化的发展为企业带来了更多的机遇和挑战，也增加了财务操作的复杂性。在这一背景下，内部控制作为财务风险管理的关键环节，需要适应全球化和数字化的趋势，为企业提供有力的支持。

内部控制在财务风险管理中的基础和原理依赖于全面的风险认知。财务风险的本质是不确定性，而内部控制需要基于对潜在风险的深刻理解，通过全面的风险识别与评估，为企业提供有效的应对策略。在风险认知的基础上，内部控制可以更好地制定财务风险管理

的战略，确保企业能够在变化莫测的市场中灵活应对。

在实际应用中，内部控制注重建立科学合理的风险评估方法。企业需要通过建立风险评估模型，对各类风险进行全面的评估，包括可能性和影响的综合分析。科学合理的评估方法是内部控制的基础，为企业提供了更精准的财务风险状况分析，有助于有效应对潜在风险。

财务风险管理的原理之一是持续监控和反馈。内部控制需要建立强大的监控机制，通过实时的数据分析和监测，及时了解潜在财务风险的动向。这种持续监控的原理，使得企业能够在风险发生之初就做出反应，从而降低财务损失，保护企业的财务安全。

在最佳实践中，内部控制强调整合性和系统性。财务风险的管理不是单一部门的事务，而是需要各个部门协同合作。通过建立整合性和系统性的内部控制体系，企业能够全面应对各类财务风险，形成整体性的应对策略，提高应对风险的效率。

内部控制在财务风险管理中的原理还包括强调员工培训与模拟演练。企业的内部控制体系离不开员工的执行，而培训和模拟演练是提高员工对内部控制的理解和执行能力的重要手段。员工的积极参与是内部控制实际应用中的一项重要原则。

内部控制在财务风险管理中的背景与引言是全球化和数字化的推动，为企业带来了机遇和挑战。内部控制在财务风险管理中的基础与原理体现在全面的风险认知、科学合理的风险评估方法、整合性和系统性的视角、持续监控和反馈、员工培训与模拟演练、多层次的决策机制等方面。这些基础与原理的有机结合，构建了企业财务风险管理的坚实框架，使得企业能够更好地应对市场波动，确保财务运作的可持续性和稳健性。

(二) 内部控制在财务风险管理中的作用

1. 内部控制的财务风险识别与评估

企业内部控制在财务风险管理中的基础与原理关键在于全面的风险识别与评估。这一过程为企业提供了在动荡市场环境中维护财务稳定性的工具。财务风险的有效管理需要建立在深刻理解财务运作背后潜在风险的基础上，同时采取相应措施防范潜在威胁。

基于内部控制的财务风险识别与评估依赖于全面的业务流程了解。企业需要深入了解自身的运作机制，包括财务活动的各个方面，从而能够辨别各种潜在风险。内部控制在财务风险管理中强调科学合理的风险评估方法。这种基于风险评估方法的原理，使得企业能够更准确地判断风险的重要性，为有限的资源分配提供科学依据。

财务风险管理的原理基于持续监控和反馈。通过建立强大的内部监控机制，企业能够实现对财务风险的持续监测。通过持续监控，企业能够更及时地发现新的风险并迅速做出相应的应对。

内部控制在实际应用中，强调员工培训与模拟演练。企业的内部控制体系不仅仅是制度和流程的执行，更需要员工的自觉遵守。

在财务风险管理的最佳实践中，内部控制强调建立多层次的决策机制。财务风险的应对需要跨足不同层级和部门，需要多方协同合作。

内部控制在财务风险识别与评估中的基础与原理体现在全面的业务流程了解、科学合理的风险评估方法、清晰的内部控制政策和流程、持续监控和反馈、整体性和系统性的视角、员工的参与与培训、多层次的决策机制等方面。这些基础和原理的有机结合，使得内部控制成为财务风险管理的重要工具，为企业建立起强大的财务风险管理体系。

2. 内部控制在风险防范与控制中的应用

财务风险管理是企业经营中不可或缺的一环，而内部控制在风险防范与控制中的应用则是确保企业财务稳健的基础与原理之一。内部控制的基础在于深刻理解企业的运作环境，全面认知潜在的风险因素，并通过科学合理的控制机制，从而实现对财务风险的有效管理。

内部控制通过规范业务流程来应用于风险防范与控制。企业的业务流程是财务活动的主要载体，内部控制通过深入了解业务流程，确定业务流程中的关键节点和关联环节，从而设立相应的控制点。例如，在采购流程中，企业可以通过设立控制点来确保供应商的资质和产品质量，从而降低财务风险。规范业务流程有助于防范潜在的财务风险，确保财务信息的准确性和合规性。

内部控制在信息系统建设中发挥了关键作用。现代企业的财务信息管理离不开信息系统的支持，而内部控制通过引入先进的信息技术，如数据分析和人工智能，对财务数据进行实时监测和分析。这样的信息系统建设不仅提高了对财务风险的检测效率，也使企业能够更敏锐地发现异常和潜在的风险信号，加强对财务信息的监控。

内部控制在风险防范与控制中的应用也表现在应急计划的制定与执行上。企业在面临突发风险时，内部控制能够迅速响应，制定灵活应变的应急计划。成功案例中的企业通过对财务风险的及时响应，采取紧急措施，防范潜在的财务风险，保障了企业财务信息的安全性和稳健性。

内部控制在风险防范与控制中的应用仍需不断进行优化。内部控制在财务风险管理中的基础与原理在于全面理解企业运作环境，通过科学合理的内部控制机制，保障企业财务的稳健性和可持续性。

二、内部控制在财务风险管理中的持续改进与最佳实践

（一）持续改进的方法与流程

财务风险管理是企业持续经营的关键组成部分，而内部控制则是确保财务过程的有效性和透明度的基石。为了有效管理财务风险，企业需要不断改进其内部控制方法和流程，以应对不断变化的经济环境和市场条件。

企业应该建立一个全面的内部控制框架，确保所有财务活动都在规范和透明的环境中进行。这需要对财务流程进行全面的风险评估，识别潜在的风险和漏洞。基于这些评估，企业可以制定相应的控制策略，以最大限度地减少潜在的财务风险。

企业应该采用先进的技术和信息系统，以提高内部控制的效率和准确性。自动化财务

流程可以大大降低人为错误的风险，同时提高财务数据的准确性。通过使用先进的数据分析工具，企业可以更好地监测财务活动，及时发现异常情况并采取相应的措施。

建立有效的沟通渠道也是内部控制持续改进的关键。不同部门之间的良好沟通可以帮助企业更好地协调财务活动，并及时解决潜在的问题。定期的内部审计和评估也是保持内部控制体系有效性的重要手段，通过这些过程，企业可以发现并纠正存在的问题，确保财务风险得到有效管理。

企业还应该注重员工培训和教育，确保他们对内部控制政策和程序有清晰的理解。员工的参与和合作是内部控制成功实施的关键。通过定期的培训，企业可以提高员工对财务风险的认识，并激发他们参与内部控制的积极性。

企业应该不断优化内部控制流程，根据实际经验和反馈进行调整。内部控制体系不是一成不变的，而是需要不断适应外部环境和内部变化的动态系统。通过定期的评估和反馈，企业可以及时调整内部控制策略，确保其在不断变化的商业环境中保持高效和灵活。

在财务风险管理中，持续改进的方法与流程是确保企业在竞争激烈的市场中取得成功的关键。通过建立全面的内部控制框架，采用先进的技术和信息系统，强化沟通渠道，注重员工培训，以及不断优化流程，企业可以更好地管理财务风险，确保经济健康和可持续经营。

（二）内部控制改进的关键成功因素

企业在财务风险管理中，内部控制改进是实现长期稳健经营的必要步骤。关键成功因素体现在多个层面，包括对内部控制的深入理解、有效的沟通机制、科学合理的改进策略、持续监控和反馈机制以及员工参与和培训等方面。通过这些关键成功因素，企业能够在不断变化的市场环境中更好地适应和应对财务风险，实现内部控制的持续改进和最佳实践。

深入理解内部控制是改进的关键成功因素之一。企业需要全面了解内部控制的目标和原理，认识到内部控制在财务风险管理中的重要性。这种深入理解是改进的基础，为企业制定有效的改进策略提供了必要的指导。

有效的沟通机制是内部控制改进的关键成功因素。改进不仅仅是管理层的责任，还需要全员共同参与。通过建立有效的沟通机制，可以促使各层次员工更好地理解内部控制的改进目标和方法，形成共识，提高改进的合作度和效果。

在实践中，科学合理的改进策略是关键成功因素之一。企业需要根据实际情况，制定符合自身特点和财务风险状况的改进策略。这种策略的科学合理性体现在对风险的全面评估和根本原因的深入分析，确保改进的措施能够切实解决问题，提高内部控制的效能。

内部控制持续改进的关键成功因素还包括建立持续监控和反馈机制。改进不是一劳永逸的任务，需要建立起能够不断监测内部控制执行情况的机制。通过实时的数据分析和监测，企业能够及时发现问题并迅速调整改进策略，确保内部控制不断适应变化的财务风险环境。

员工的参与和培训也是关键成功因素之一。内部控制的改进不仅仅是制度和流程的问题，更需要员工的积极参与和自觉遵守。

在最佳实践中，建立内部控制的改进团队是关键成功因素之一。这个团队由专业人员组成，负责财务风险的实时监测和内部控制的改进工作。通过建立这样的团队，企业能够更好地集中精力解决财务风险问题，推动内部控制不断向前发展。

关键成功因素还包括建立反馈机制，从内部和外部汲取经验教训，不断改进内部控制。企业可以通过建立定期的内外部审计机制，以及吸收行业最佳实践，形成持续改进的循环，从而逐步提升内部控制水平。

内部控制在财务风险管理中的持续改进与最佳实践关键成功因素体现在深入理解、有效沟通、科学合理的改进策略、持续监控和反馈机制、员工参与和培训、建立改进团队以及建立反馈机制等方面。通过这些关键成功因素，企业能够更好地应对财务风险，不断提升内部控制的水平，实现经营的稳健和可持续发展。

（三）未来持续改进趋势

未来的持续改进趋势将集中在信息技术的应用上。随着科技的不断发展，内部控制需要更加积极地利用信息技术来提升财务风险管理的效能。企业可以采用先进的数据分析、人工智能和区块链等技术，对海量财务数据进行更加精准和实时的监测，以便更早地发现潜在风险。信息技术的应用将使内部控制更加敏锐，更能够适应市场的动态变化。

未来的最佳实践将侧重于加强对供应链和外部合作伙伴的管理。企业的财务风险不仅仅来自内部，还与供应链和合作伙伴的财务状况息息相关。因此，企业需要建立更加强大的供应链风险管理机制，包括对供应商的审查、建立合作伙伴的共同风险管理机制等。通过与外部合作伙伴更紧密的合作，企业可以共同应对潜在的财务风险，确保整个价值链的可持续性。

在未来的持续改进中，组织文化的培养将成为关键焦点。内部控制需要更加注重在企业内部塑造一种积极的风险防范文化，使每个员工都能够理解和认同内部控制的重要性。通过强化员工的风险意识，建立一种共同的价值观和行为准则，企业可以更好地推动风险管理文化的深入，从而使内部控制发挥更大的作用。

未来的最佳实践将更加强调对法规和法律环境的敏感性和适应性。财务风险管理不仅仅是企业自身的事务，还需要与法规和法律环境保持一致。未来企业需要更加注重与法律专业人士的紧密合作，及时了解和适应不断变化的法规要求，确保内部控制体系在法律框架内运作，降低潜在法律风险。

在未来的持续改进中，风险评估的科学性和全面性将更为重要。企业需要不断优化风险评估的方法和工具，确保对内外部的各类风险进行全面的评估。通过科学的风险评估，企业可以更准确地识别潜在的风险因素，并有针对性地制定内部控制策略，以降低财务风险的发生概率和影响程度。

未来内部控制在财务风险管理中的持续改进和最佳实践将呈现出信息技术的广泛应用、供应链和外部合作伙伴管理的加强、组织文化的培养、对法规法律环境的适应性和风险评估的科学性等多个方面的趋势。企业需要不断更新内部控制策略，适应不断变化的商业环境，以确保财务风险的有效管理和企业的可持续发展。

第七章 企业财务内部控制与法律合规

第一节 企业财务内部控制与法律合规的关系

一、企业财务内部控制的基础与原理

（一）企业财务内部控制的背景

财务内部控制的基础在于对企业财务流程的全面了解。这意味着企业需要深入分析和理解其财务活动的方方面面，包括资金流动、账务处理、财务报告等。基于这样的全面了解，企业可以建立起一套完整的内部控制体系，以确保财务信息的真实性和可靠性。

内部控制的原理主要体现在对风险的识别和管理上。企业在进行财务活动时，面临各种各样的风险，包括市场风险、信用风险、操作风险等。内部控制的原理就在于通过对这些风险的仔细分析，制定相应的控制策略，以最小化潜在的负面影响。这需要企业建立起一套灵活和适应性强的内部控制框架，能够随时应对市场变化和内部变革。

财务内部控制的基础还在于对企业文化的塑造。内部控制不仅仅是一套制度和程序，更是一种企业文化的体现。在这种文化中，诚实、透明和责任是内部控制的核心价值。通过培养这样的企业文化，企业可以提高员工的责任感和合规意识，从而增强内部控制的有效性。

内部控制的原理还强调了信息系统的关键作用。随着科技的发展，企业财务活动越来越依赖于信息系统。因此，建立一个安全、稳定且高效的信息系统是内部控制的重要组成部分。企业需要采用先进的技术手段，保障信息系统的可靠性，以确保财务数据的准确性和机密性。

财务内部控制的基础也在于持续改进和学习。市场和商业环境不断变化，企业的财务风险也在不断演变。因此，内部控制体系需要保持灵活性，不断吸收新的知识和经验，以应对外部和内部的挑战。通过持续改进，企业可以不断提升内部控制的水平，确保其在动荡的商业环境中保持高效和可靠。

在这样的背景下，企业财务内部控制的建立和实施变得愈发重要。财务内部控制的基础和原理体现了企业对财务活动透明性和可靠性的追求，同时也强调了灵活性和持续改进

的重要性。只有在这样的基础上，企业才能更好地管理财务风险，确保经济健康和可持续经营。

(二) 内部控制在财务管理中的作用

1. 财务内部控制的定义与范围

财务内部控制是指企业为保障财务报告的可靠性、合规性以及资源利用的有效性而采取的一系列管理措施和制度。这一概念的范围涵盖了财务运作的各个环节，旨在确保企业财务活动的透明度、准确性和合法性。

财务内部控制的基础在于对内部环境的全面理解。内部环境是财务内部控制的基础，它包括组织结构、企业文化、管理层风格等方面。通过深入了解内部环境，企业可以确定合适的内部控制政策和程序，确保财务运作在良好的内部环境中进行，从而提高财务报告的可靠性和合规性。

风险评估是财务内部控制的基础之一。企业在财务活动中面临各种潜在的风险，包括市场风险、信用风险、操作风险等。通过对这些风险的全面评估，企业可以更好地制定相应的控制措施，降低风险的发生概率，确保财务运作的稳定性。

在实际应用中，控制活动是财务内部控制的基础。企业需要在财务活动的各个环节建立有效的控制措施，包括审计、核查、复核等。通过这些控制活动，企业可以及时发现潜在问题，防范财务风险，保障财务活动的合法性和规范性。

信息与沟通是财务内部控制的基础之一。财务信息的准确性和及时性对于内部控制至关重要。企业需要建立健全的信息系统，确保财务信息的真实可靠。良好的沟通机制也是内部控制的基础，能够保证信息的流通畅通，提高对内部控制政策和流程的理解和执行。

监控是财务内部控制的基础与原理之一。企业需要建立强大的监控机制，通过实时数据的分析和监测，及时发现潜在问题。通过监控，企业可以及时发现新的风险并迅速做出相应的应对。

在最佳实践中，企业财务内部控制的基础与原理还包括建立科学合理的内部控制政策和流程。这需要企业深入了解自身的运作机制，通过科学合理的制度，规范业务活动，减少财务风险的发生可能性，提高内部控制的效能。

企业财务内部控制的基础与原理体现在对内部环境、风险评估、控制活动、信息与沟通以及监控五个方面的全面理解和科学合理地制定与执行。这些基础与原理的有机结合，构建了企业财务内部控制的完整框架，为企业在复杂多变的商业环境中实现财务管理的稳定性和可持续性提供了有力支持。

2. 内部控制在企业财务内部中的应用

企业财务内部控制的应用基于其深刻理解企业财务活动的复杂性和多样性，以及对潜在风险的全面认知。财务内部控制的基础与原理在于通过科学合理的控制机制，确保企业的财务信息的准确性、可靠性和合规性，以支撑企业的经营决策和可持续发展。

企业财务内部控制在业务流程中的应用是其基础和原理的重要体现。企业的财务活动涉及到多个业务流程，如采购、销售、库存管理等，而内部控制通过规范这些业务流程，设立控制点，以确保每个环节都符合公司的内部规定和法律法规。通过业务流程的规范管理，内部控制在企业财务内部的应用为财务信息的准确性和合规性奠定了基础。

在组织文化方面，内部控制通过塑造积极的风险防范文化，使员工更加注重内部控制的执行。企业通过培训和沟通，使员工深刻理解财务风险的重要性，并建立一种共同的价值观和行为准则。这种风险防范文化的建设使得员工在日常工作中更加自觉地遵循内部控制的规定，加强了整体风险防范水平，支持企业财务内部的稳健经营。

财务内部控制的基础与原理还在于风险评估的科学性。企业需要对内外部的各类风险进行全面评估，以明确关键的财务风险因素。通过风险评估，内部控制可以有针对性地设立控制点，制定相应的控制策略，从而降低风险的概率和影响程度。例如，在市场环境波动大的情况下，企业可以加强对外汇风险的评估，设立相应的内部控制点来规避汇率波动对财务状况的影响。

企业财务内部控制的应用基于对业务流程、信息系统、组织文化、风险评估和监测机制等方面的全面考量。通过科学合理的控制机制，内部控制在企业财务内部的应用为财务信息的准确性和合规性提供了有力的支持，为企业的稳健经营和可持续发展奠定了基础。

二、企业财务内部控制与法律合规的联系

（一）内部控制在法律合规中的作用

财务内部控制通过确保财务数据的准确性，为企业在法律合规方面提供了坚实的基础。财务内部控制通过强调数据的真实性和准确性，有助于企业避免因财务数据不准确而引发的法律风险。财务数据的真实性是法律合规的前提，而内部控制在这一方面发挥了保障作用。

内部控制通过提高信息透明度，增加企业在法律合规中的可信度。财务内部控制确保信息的透明度，使外部利益相关方更容易理解企业的财务状况，从而提高了企业的合规性。透明度的提高不仅有助于建立企业与监管机构、投资者之间的信任关系，同时也能降低企业因信息不透明而可能面临的法律风险。企业财务内部控制在法律合规中扮演着关键的角色，它不仅仅是一种经济管理手段，更是确保企业在法律框架下经营合规的必要手段。财务内部控制与法律合规之间存在密切的联系，这一联系涉及到财务数据的准确性、信息的透明度、合规流程的有效性以及法规变化对企业经营的潜在影响。

财务内部控制通过强调合规流程的有效性，为企业规范经营提供了实质性保障。合规流程涉及企业的财务报告、税务申报、内部审计等多个方面，而这些方面都是财务内部控制所关注的领域。通过规范的合规流程，企业可以更好地遵循相关法规，降低法律合规风险。财务内部控制的有效性是合规流程顺利运行的保证，它确保企业按照法规要求履行各项义务，从而有效避免可能的法律问题。

财务内部控制与法律合规的联系还表现在对法规变化的敏感性上。法规环境的变化可

能对企业经营产生深远的影响，因此企业需要及时了解并适应法规的变化。

企业财务内部控制与法律合规之间的联系是深刻而紧密的。内部控制通过确保财务数据的准确性、提高信息透明度、保障合规流程的有效性以及对法规变化的敏感性，为企业在法律框架下的经营提供了有力的支持。财务内部控制的有效实施不仅有助于降低法律风险，同时也有助于建立企业在法规环境中的信誉和稳定性。

(二) 内部控制与法规遵循

财务内部控制与法规遵循是企业运营中密不可分的两个方面，二者之间存在紧密联系，相辅相成。财务内部控制作为一种管理手段，通过有效的制度和程序确保财务报告的准确性、合规性，而法规遵循则要求企业在经营过程中合法合规，遵循国家和地区的法律法规。二者的关系体现在内部控制如何支持法规遵循，以及法规遵循如何促进内部控制的不断完善与提升。

财务内部控制通过规范财务报告程序，以支持法规遵循。合规的财务报告是企业经营过程中的基础要求，通过建立健全的内部控制机制，企业能够更好地遵循国家和地区的相关法规，确保财务报告的真实可靠性，减少财务舞弊和违法行为的发生。

法规遵循要求企业建立内部控制机制，确保经营活动的合法性和合规性。财务内部控制作为其中一个重要组成部分，需要贯穿整个财务运作过程，包括财务报告的编制、审计程序的执行等。通过内部控制的建立，企业能够更好地遵循法规，规范内部流程，防范潜在的法律风险。

在实际应用中，财务内部控制还支持法规遵循通过加强内部审计机制。企业需要建立完善的内部审计程序，对财务活动进行全面审查，确保企业的经营活动符合法规的要求。内部审计作为内部控制的一部分，通过对企业内部运作的监督和审查，可以有效减少违法违规行为的发生，保障企业法规遵循的实现。

法规遵循反过来促进财务内部控制的不断完善与提升。在法规遵循的要求下，企业需要不断优化和调整内部控制机制，以适应法规的更新和变化。法规遵循推动企业建立更加健全的内部控制体系，提高对财务风险的防范能力。

法规遵循要求企业建立风险评估机制，而财务内部控制正是通过风险评估来规范和指导财务活动。财务内部控制需要对财务风险进行全面评估，确保企业的经营活动符合法规的要求，从而降低法律风险的发生概率，保障企业合法合规经营。

在最佳实践中，企业需要建立专业的法务团队，负责监督法规遵循的执行和内部控制的完善。法务团队可以通过法规研究和风险评估，为内部控制提供合规性的指导和支持，使得财务内部控制更加贴近法规的要求，为企业的合规经营提供保障。

财务内部控制与法规遵循在企业经营中有机地相互关联。财务内部控制通过规范财务活动和建立内部审计机制支持法规遵循，而法规遵循要求企业建立健全的内部控制体系，提高对财务风险的防范能力。在实践中，企业需要不断优化内部控制，适应法规的更新和变化，确保财务内部控制与法规遵循的高度契合，为企业的经营活动提供稳固的法律合规基础。

(三) 内部控制与法律合规的整合

企业财务内部控制与法律合规的整合是一项关键性任务,它牵涉到企业的经济稳健、社会责任和法律遵从。这两者之间的联系不仅体现在日常经营活动中,更关系到企业在复杂法律环境中的生存和发展。

企业财务内部控制与法律合规的整合体现在对财务报表的准确性和透明度方面。内部控制通过规范业务流程、建立审计机制,确保财务信息的真实、完整和可靠。法律合规则要求企业的财务报表必须符合相关法规和会计准则,如国际财务报告准则(IFRS)或通用会计准则(GAAP)。财务内部控制的应用有助于确保企业财务报表的合规性,提高了法律合规的水平。

财务内部控制与法律合规的整合在风险防范方面发挥关键作用。企业面临多种风险,包括财务风险、合规风险等。内部控制通过建立风险评估机制,设立控制点,降低潜在风险的发生概率和影响程度。法律合规则要求企业识别、评估并规避法律风险,确保企业的经营活动合法合规。财务内部控制的应用与法律合规的整合在风险防范方面相辅相成,共同确保企业经营的稳健性和可持续性。

在信息披露方面,财务内部控制与法律合规的整合也体现在企业对外部信息的透明度。内部控制通过建立信息系统、审计机制,保障了财务信息的透明性。法律合规则规定企业必须按照相关法规要求及时披露信息,以保障投资者和其他利益相关方的知情权。财务内部控制的应用与法律合规的整合在信息披露方面协同作用,为企业赢得了投资者信任,提升了企业的社会声誉。

企业财务内部控制与法律合规的整合还涉及对税务合规的考量。内部控制通过规范会计核算、建立税务合规机制,保障了企业在税收方面的合规性。法律合规要求企业按照相关法规履行纳税义务,确保税收合规。财务内部控制的应用与法律合规的整合在税务合规方面相互补充,协同推动企业在税务方面的合法运营。

在合同管理和交易实践中,财务内部控制与法律合规的整合也是不可分割的。内部控制通过规范合同管理流程,确保合同的合法性和合规性。法律合规则要求企业在合同签订和履行过程中遵循相关法规,确保交易的合法性和公平性。财务内部控制的应用与法律合规的整合在合同管理和交易实践中形成双向保障,维护了企业的合法权益。

企业财务内部控制与法律合规的整合体现在公司治理结构的建设上。内部控制通过建立健全的公司治理结构,加强对管理层的监督,保障了企业的经营稳健。法律合规则要求企业建立合规管理体系,规范公司治理行为。财务内部控制的应用与法律合规的整合在公司治理结构的建设方面相辅相成,促使企业实现科学决策和合法管理。

企业财务内部控制与法律合规的整合在财务报表的透明性、风险防范、信息披露、税务合规、合同管理和公司治理结构等方面发挥着协同作用。这种整合不仅有助于企业提高经营效益,也为企业在法律法规约束下实现可持续发展创造了有力的保障。

第二节 法律合规的企业财务内部控制要求

一、法律合规对企业财务内部控制的基本要求

(一) 法律合规的概念与法规体系

法律合规要求企业全面遵守国家和地区的法规法律。企业应深入研究并全面理解相关法规法律，确保经营活动不违反任何法规。法规体系提供了详实的法规框架，企业应建立与之相适应的财务内部控制机制，确保所有财务活动都符合法规的要求。法律合规是企业经营活动中一项至关重要的概念，涵盖了对法规要求的全面遵守以及在法规框架内经营的原则。法规体系是法律合规的依托，为企业提供了具体而详细的法律要求和规范。对企业而言，法律合规的实现需要在财务内部控制方面具备一系列基本要求，以确保企业在法律框架下的稳健经营和合法经济活动。

法规合规要求企业进行全面的风险评估。企业需深入分析市场、行业、经济等多个方面的风险，识别潜在的法律风险并制定相应的控制策略。财务内部控制应注重对财务流程中可能涉及的法规风险进行评估，确保财务活动不受不符合法规的风险的影响。

法规合规还要求企业建立健全的内部控制流程。企业需要确保所有财务活动都在规范的内部控制框架下进行，以防范潜在的法律合规风险。内部控制流程需要贯穿财务活动的始终，包括资金管理、账务处理、财务报告等环节，确保每一步都符合法规的要求。

财务内部控制在法律合规要求下还需要强调信息的准确性和及时性。企业的财务信息需要真实、准确地反映企业的经营状况，以满足法规对财务报告的要求。

法律合规还要求企业建立健全的合规培训机制。员工是财务内部控制的执行者，他们需要了解并遵守法规法律。企业应该为员工提供相关法规的培训，提高其法规意识，确保财务活动的合规性。内部控制的有效性取决于员工对法规的理解和遵守程度。

财务内部控制应具备法规变化的应对机制。法规环境经常发生变化，企业需要及时了解并适应这些变化。内部控制机制应具备灵活性，能够迅速调整以适应新的法规要求，从而确保企业在法规变化中依然能够合规经营。

法律合规是企业经营活动的基本原则，它要求企业全面遵守法规法律，建立健全的内部控制机制。财务内部控制在法律合规要求下的基本要求包括对法规的全面遵守、风险评估、内部控制流程的建立、信息准确性和及时性的强调、员工培训和适应法规变化的机制。这些要求共同构成了企业在法律合规框架下财务内部控制的基础。

(二) 法律合规对企业财务内部控制的主要要求

1. 信息披露的法律合规要求

信息披露是企业法律合规的一个重要方面，它涵盖了企业在财务报告和其他信息披露方面需要遵守的法规和规定。法律合规对企业财务内部控制提出了一系列基本要求，以确

保信息披露的真实、准确和合法。法律要求企业在信息披露中保持财务报告的透明度。透明度是信息披露的基本原则之一，企业需要按照相关法规要求，充分披露有关经营状况、财务状况、盈利能力和现金流量等方面的信息。财务报告应当能够清晰地反映企业的真实状况，避免误导投资者和其他利益相关方。

法律合规要求企业建立有效的财务内部控制制度。内部控制是确保财务报告真实性和合法性的基石。企业需要建立健全的内部控制框架，包括审计程序、核查机制和风险评估等，以确保财务报告的编制过程合规、规范、有序，提高信息披露的可靠性。

在实际操作中，信息披露法律合规要求企业进行财务报告的审计。审计是保障信息披露合规的一项重要手段，通过独立的审计机构对企业的财务报告进行审核，确保其真实、准确、完整。企业需要积极配合审计工作，提供完备的财务数据和信息，以保证审计结果的客观、公正。

法律合规还要求企业在信息披露中保护信息的保密性。企业财务内部控制应当设立相应的信息安全机制，防范财务信息泄露的风险。这包括对敏感财务信息的限制访问、建立访问审计机制等措施，以确保信息披露既合规，又保护企业的商业机密。

在财务内部控制的基本要求中，法律合规强调企业的合规性管理。企业需要建立健全的合规性管理体系，确保业务活动符合国家和地区的法规法律要求。这涉及到对法规的深入了解和及时调整内部控制体系，以适应法规的变化和更新。

在实践中，法律合规要求企业建立风险管理机制，包括合规性风险的评估和防范。企业需要通过全面的风险评估，了解潜在的法规合规风险，并通过内部控制手段，采取措施规避或降低这些风险。这有助于确保企业在信息披露过程中遵守相关法规，提高合规性水平。

法律合规对企业财务内部控制的基本要求还体现在法律合规培训的进行。企业需要为员工提供相关法规法律的培训，使其了解信息披露的法律要求，提高员工的法律合规意识。通过培训，企业能够确保员工在财务活动中能够严格遵守法规，降低法律风险。

法律合规对企业财务内部控制提出了一系列基本要求，包括财务报告的透明度、内部控制的有效性、信息的保密性和企业合规性管理的全面性等方面。这些要求要求企业建立健全的内部控制机制、进行信息披露的审计、保护信息的保密性、加强合规性管理、建立风险管理机制以及进行法律合规培训等，以确保企业财务内部控制的稳健和信息披露的合规性。

2. 内部控制程序的法律合规要求

企业财务内部控制是为了有效管理风险、确保财务信息准确、合规的一系列制度和程序。法律合规对企业财务内部控制提出了一系列基本要求，这些要求旨在确保企业在经济活动中遵循法律法规，保障公正透明的财务报告和合法经营。

法律合规要求企业建立明确的内部控制程序，以确保财务信息的准确性和真实性。企业需要在其内部控制体系中明确规定会计准则、财务报告要求和其他相关法规的遵守标准，保障财务信息的完整、可靠和及时。这意味着企业财务内部控制程序必须与国家的会计法规和国际会计准则相一致，确保财务报告的合规性。

法律合规要求企业建立健全的审计机制，以便对财务报告和内部控制程序的执行进行审计和验证。内部控制审计需要包括对会计记录、业务流程、控制措施的全面审查，以确保这些控制程序的合法性和有效性。法律要求企业在每年结束时进行独立的外部审计，以验证其财务报告的真实性和合规性。

法律合规要求企业财务内部控制程序需要建立风险评估机制，以及相应的风险管理措施。企业必须对可能影响财务报告准确性和合规性的各类风险进行评估，包括市场风险、信用风险、操作风险等。基于这些风险的评估，企业需要采取相应的措施，确保财务信息的真实性和合法性。

法律合规要求企业在内部控制程序中设立合适的控制点，以确保不同层级的管理人员对于财务报告和内部控制的有效监督和审查。这包括对企业内部流程的管理、财务数据的存储和访问、对关键财务数据的验证等多个方面的控制点的设立。这些控制点的建立有助于实现对财务信息的及时监控，确保内部控制的有效实施。

二、法律合规对企业财务内部控制的具体实施与监督

(一) 内部控制程序的法律合规设计

在企业财务内部控制中，合规性的设计是确保企业经营活动合法、透明、稳健的关键。内部控制程序的法律合规设计旨在在企业的财务运作中充分考虑法规要求，建立一套能够有效预防和应对法律风险的内部控制机制。

法律合规的内部控制程序设计需要基于对法规体系的深入理解。企业应仔细研究国家和地区的法规法律，深刻了解法规的要求和规范。基于这样的理解，企业可以建立起一套能够充分遵守法规的内部控制程序，确保在财务活动中不违反任何法规要求。

内部控制程序设计需要紧密结合企业的具体财务活动，确保法规要求在内部控制体系中得到充分体现。不同行业和企业类型面临的法律合规要求各异，因此，内部控制程序设计应该根据企业的实际情况进行个性化调整。这需要企业深入了解自身的财务运作，识别潜在的法律风险，并制定相应的控制策略。

在法律合规的内部控制程序设计中，强调风险评估是至关重要的一环。企业需要全面分析市场、行业、经济等方面的风险，识别可能涉及法规要求的潜在风险因素。

法律合规对企业财务内部控制的具体实施强调内部控制流程的全面性和连贯性。企业需要确保所有的财务活动都在规范的内部控制框架下进行，从资金管理到账务处理再到财务报告，每一个环节都要得到充分的法规合规保障。这需要内部控制程序设计的全面性，以确保内部控制机制覆盖财务流程的每个细节。

(二) 信息披露的法律合规管理

信息披露的法律合规管理是企业财务内部控制的一个重要方面，具体实施和监督的有

效性直接影响着企业的经营稳定和社会信任。法律合规对企业财务内部控制的具体实施需要在多个方面进行，同时对这些实施过程进行监督和评估，以确保合规性的达成。

具体实施方面，企业需要建立健全的法律合规管理体系。这包括明确法务部门的职责和权利，制定明确的合规政策和流程。法务团队应当通过对相关法规的深入研究，制定符合企业实际情况的合规政策，明确各个岗位的合规职责，确保合规政策贯穿于整个企业运营过程。

企业需要建立财务内部控制机制以支持法律合规的实施。财务内部控制是确保财务报告真实、准确的基石，通过建立审计程序、核查机制和风险评估等，有效规范和指导财务活动。内部控制需要与法律合规管理体系相结合，以确保企业在财务运作中遵守相关法规要求。

在实际操作中，企业需要对信息披露进行严格的合规审计。合规审计不仅要关注财务数据的准确性，还需要确保企业在信息披露中遵守相关法规，以降低法律风险。

企业需要建立内部监督机制，对法律合规的实施过程进行监督。内部监督不仅包括对合规政策和程序的执行情况进行定期检查，还需要通过建立举报渠道，接受内外部人员对合规问题的反馈。通过内部监督，企业能够及时发现潜在的合规问题，采取有效措施予以解决。

在具体实施中，企业还需要进行法律风险评估，识别和评估潜在的法律风险，制定相应的应对措施。这需要法务团队深入了解企业所处行业的法规环境，对可能影响企业合规性的法规变化进行及时研判和调整。通过法律风险评估，企业可以有针对性地调整财务内部控制机制，确保其能够适应法规环境的变化。

在监督方面，企业需要建立独立的合规监察机构，对法律合规的实施进行全面监督。这个监察机构可以直接向公司董事会报告，确保其独立性和公正性。监察机构要定期发布合规监察报告，对企业的法律合规状况进行全面评估，提出改进建议，并追踪改进的实施情况。

第三节 企业财务内部控制在合规监督中的作用

一、企业财务内部控制在合规监督中的基础与原理

（一）合规监督框架概述

合规监督框架是确保企业在法规要求下合法经营的关键组成部分，其核心任务是监控、评估和确保企业在各个层面上的活动都符合相关法规。在这一框架下，企业的财务内部控制扮演着至关重要的角色，通过合规监督，财务内部控制的基础和原理得以全面体现。合规监督框架的概述包括对法规体系的全面理解。这需要企业深入研究并理解国家和地区的法规法律，了解法规对企业经营的各个方面的具体要求。合规监督的概述不仅仅关

注法规的表面规定，更要深入挖掘其中的内在精神和原则，为企业建立合适的财务内部控制提供法规依据。

合规监督框架的概述需要强调对企业特定行业和经营领域的深入了解。不同行业和企业类型面临的法规合规要求有所不同，因此，合规监督的概述需要结合企业的实际情况，深入研究企业所处的行业和经营领域的法规要求。这有助于财务内部控制更有针对性地满足特定领域的法规合规需求。

合规监督对企业财务内部控制的具体实施强调对法规变化的应对机制。法规环境的变化是常态，企业需要建立具有灵活性的内部控制机制，以适应新的法规要求。监督机制应该包括对法规环境的不断监测，及时了解法规变化，并确保内部控制机制能够灵活调整以适应新的法规要求，从而保持企业的法律合规性。

合规监督框架概述了企业在法规合规方面的全面要求，包括对法规体系的深入理解、对企业特定行业和经营领域的深入了解、风险的全面评估、对信息的准确性和及时性的要求、对内部控制流程的全面性和连贯性的要求、对员工的法规培训以及对法规变化的应对机制。在这一框架下，财务内部控制作为合规监督的基础，通过全面考虑法规要求，建立相应的内部控制机制，以确保企业在法规框架下的合法、透明和稳健经营。

（二）内部控制对合规监督的作用

1. 内部控制在合规监督中的角色与功能

在合规监督中，企业财务内部控制发挥着至关重要的角色与功能。财务内部控制通过一系列基础与原理的实施，为合规监督提供了坚实的基础，确保企业在法规环境中的合法合规运营。财务内部控制在合规监督中的角色在于确保信息披露的准确性和透明度。内部控制通过建立审计程序、核查机制和风险评估等，对企业的财务报告进行全面监督，防范信息披露中的虚假陈述和误导性陈述，保障财务信息的真实可靠性。

财务内部控制在合规监督中的角色体现在对合规性风险的评估和防范。合规性风险是企业在法规环境中可能面临的潜在风险，包括未遵守相关法规、政策和规定的风险。财务内部控制需要通过全面的风险评估，识别可能存在的合规性风险，并采取相应的内部控制措施，降低这些风险的发生概率。

在基础与原理方面，财务内部控制需要建立合理的内部审计机制，对企业的合规性进行全面审查。审计程序应当覆盖财务报告、税务合规、员工行为合规等方面，确保企业在各个层面都符合相关法规的要求。通过内部审计，企业可以发现可能存在的合规问题，及时采取纠正措施。

财务内部控制需要与法务团队密切合作，确保合规政策和流程的有效执行。法务团队负责深入了解法规环境，及时调整合规政策，财务内部控制则需要贯彻执行这些政策，建立相应的内部流程和程序，以确保企业在财务活动中遵守相关法规。

在合规监督中，财务内部控制还要加强对业务伙伴的合规性管理。企业的合规性不仅体现在自身的经营活动中，还需要确保与业务伙伴的合作是合法合规的。财务内部控制需要建立供应链的合规性管理机制，确保企业在采购、销售等方面与业务伙伴的合作是符合法规要求的。

2. 内部控制对合规流程的支持

企业财务内部控制在合规监督中的基础与原理体现在其对合规流程的支持上。内部控制是企业为达到经济目标，预防并应对各类风险而采取的一系列制度和程序的总称。在合规监督中，财务内部控制通过建立科学合理的体系，以确保企业在法规要求下的合法合规运营，支持了合规流程的有效实施。内部控制通过建立明确的内部规章制度，确保了企业合规流程的规范性。内部规章制度是财务内部控制的一部分，它具体规定了员工在日常工作中应当遵循的行为准则和操作流程。在合规监督中，这些规章制度通过规范业务操作、信息披露、财务记录等方面的行为，保障了企业在法规要求下的合规运营。

内部控制通过建立健全的业务流程，为合规监督提供了基础。业务流程是企业日常经营活动的重要组成部分，而内部控制则通过规范业务流程，设立合适的审批和监督环节，以确保业务流程符合法规要求。例如，在采购流程中，内部控制可以设立审批程序，确保采购活动符合法规要求，避免违规行为的发生。

在信息披露方面，内部控制通过建立合适的信息系统，保障了合规流程的信息透明性。信息系统是内部控制的重要工具，它能够对财务数据进行实时监测和分析。在合规监督中，信息系统通过确保财务信息的准确性和实时性，提高了合规流程的信息透明度，确保了信息的真实、完整和及时披露。

内部控制通过建立风险管理体系，为合规监督提供了风险评估和防范的基础。风险管理体系是内部控制的一部分，它通过对内外部的风险进行评估，为企业提供科学合理的风险管理方案。在合规监督中，风险管理体系能够帮助企业识别可能违规的行为和潜在风险，为合规流程提供科学的预防和防范手段。

二、企业财务内部控制在合规监督中的实际应用与最佳实践

（一）内部控制在合规监督中的贡献

企业财务内部控制在合规监督中发挥着不可忽视的作用，通过其实际应用和最佳实践，为企业创造合规经营的环境。

财务内部控制在合规监督中的贡献体现在风险管理方面。在合规监督的框架下，财务内部控制机制通过建立风险防范的流程和控制策略，有力地降低了法规合规风险的发生概率，确保企业经营活动在法规框架内稳健进行。

财务内部控制在合规监督中通过提高信息透明度为企业创造了有利条件。法规合规要求企业提供真实、准确、完整的财务信息，以便监管机构和利益相关方进行审计和监督。财务内部控制强调信息的准确性和及时性，通过建立有效的财务报告和信息披露流程，确保企业的财务信息得以充分透明，增加了外部利益相关方对企业的信任。

在合规监督中，财务内部控制通过建立健全的合规流程为企业提供了实质性保障。合

规流程包括了财务报告、税务申报、内部审计等多个环节,而这些环节都是财务内部控制所关注的领域。通过规范的合规流程,财务内部控制确保企业按照法规要求履行各项义务,有效降低了法规合规风险。这使得企业在法规合规方面能够更加规范地运作,增加了其经营的合法性和合规性。

财务内部控制在合规监督中通过对员工的培训为企业的法规合规提供了基础。员工是内部控制的执行者,他们需要了解并遵守相关法规。财务内部控制通过强调员工培训,提高了员工对法规的理解和遵守程度,从而增强了企业的法律合规性。员工培训的实施不仅是合规监督的一部分,也是财务内部控制机制的有效性的关键。

财务内部控制在合规监督中通过对法规变化的敏感性为企业应对法规环境的变化提供了支持。法规环境经常发生变化,企业需要及时了解并适应这些变化。财务内部控制通过强调对法规变化的敏感性,使企业能够更加灵活地调整内部控制策略,以适应新的法规要求。财务内部控制的灵活性是企业应对法规变化的关键,它使企业能够在法规要求发生变化时及时调整内部控制体系,保持合规性。

财务内部控制在合规监督中的实际应用和最佳实践体现在风险管理、信息透明度、合规流程、员工培训和法规变化应对等多个方面。通过这些实践,财务内部控制为企业创造了合规经营的环境,保障了企业在法规框架下的稳健经营。这也从侧面反映了财务内部控制在合规监督中的不可替代性和关键性。

(二) 内部控制在合规审计中的角色

财务内部控制在合规审计中的角色首先体现在确保财务信息的准确性和可靠性。通过建立合理的会计制度、财务报告程序以及内部审计机制,财务内部控制能够监督企业的财务报告过程,确保财务信息的真实、准确和完整。这有助于审计师对企业的财务报告进行全面审核,降低信息披露中的虚假和误导性陈述的风险,提高合规审计的效果。

在实际应用方面,企业财务内部控制需要建立明确的合规审计制度。这包括财务报告的合规性审计程序、内部审计的合规性审查流程、对合规性风险的评估方法等。通过建立规范的制度,财务内部控制能够为合规审计提供清晰的方向和指引,保障审计工作的有序展开。

企业财务内部控制还需要与审计师紧密合作,提供必要的信息和协助,以支持合规审计的进行。内部控制机制应当具备协作的意识,主动与审计师进行沟通,解答可能存在的疑虑,确保审计工作能够在合规性和高效性之间取得平衡。

在最佳实践中,企业财务内部控制可以引入独立的合规性审计团队,专门负责监督合规审计的实施。这个团队可以独立于企业的财务部门,对财务报告、内部审计和风险评估等方面进行专业审查。通过引入独立审计团队,企业能够获得更客观、公正的审计结果,提高合规审计的独立性和专业性。

企业财务内部控制在合规审计中需要注重内部培训和教育。财务内部控制团队应当对相关法规、合规审计的要求进行深入研究，提高员工对合规性的认识和理解。通过定期的内部培训，企业可以建立一支高素质的内部控制团队，更好地支持合规审计的开展。

通过实际应用和最佳实践，企业财务内部控制能够建立明确的合规审计制度，与审计师紧密合作，引入独立的审计团队，进行内部培训等措施，为企业的合规监督提供了有力的支持。这有助于提高企业的合规性水平，降低法规违规风险，增强企业的经营信誉。

第四节　法律合规与企业财务内部控制的案例分析

一、法律合规对企业财务内部控制的影响与挑战

（一）法律合规对内部控制的基本要求

法律合规对企业财务内部控制提出了一系列基本要求，这些要求涉及了财务数据的准确性、信息透明度、合规流程的有效性、员工培训以及法规变化的应对等方面。法律合规对企业财务内部控制带来了积极的影响，但也伴随着一系列挑战。法律合规对内部控制的基本要求之一是确保财务数据的准确性。法律合规对企业财务内部控制提出了信息透明度的要求。

法律合规对企业财务内部控制的影响主要表现在提高企业的合规性、加强信息披露透明度、规范合规流程、强调员工培训等方面。这种影响有助于建立企业与监管机构、投资者之间的信任关系，同时降低了企业面临法律风险的可能性。

（二）法律合规对企业内部控制的挑战与解决方案

1. 合规要求的不断变化

法规环境的不断变化对企业财务内部控制构成了持续性的挑战。这一挑战体现在法律合规要求的频繁更新和演进上，对企业而言，要实现财务内部控制的有效性，需要不断适应法规的变化。

法规的不断变化使得企业在合规方面面临着更加繁琐和动态的要求。法规的变更可能涉及到财务报告标准、披露要求、会计处理等多个方面，这意味着企业需要不断调整和优化其财务内部控制机制，以确保其仍然符合最新的法规要求。

法规的不断演进也给企业财务内部控制带来了更多的合规性风险。企业需要不断评估和应对新出现的法规要求，以及与之相关的潜在风险。这要求企业具备高度的敏感性和应变能力，能够及时调整内部控制机制，确保其能够适应法规环境的变化。

财务内部控制的一个重要目标是确保财务报告的准确性和透明度。法规的变化可能对财务报告产生直接影响，需要企业对其内部审计程序、核查机制进行调整，以适应新的法规要求，从而保障财务报告的真实性和合规性。

在法规环境的不断演变中，企业财务内部控制还需要对供应链进行更为严格的管理。新的法规可能会对供应商的合规性提出更高的要求，企业需要与供应链相关部门紧密合

作，建立合规性审计机制，以确保企业的供应链也能够符合新的法规标准。

2. 内部控制如何适应法律合规挑战

企业财务内部控制在适应法律合规挑战方面扮演着关键的角色。法律合规要求企业遵守各种法规、法律和政策，确保其经营活动是合法合规的。财务内部控制作为支持合规性的机制，需不断演进以满足法规的要求。

财务内部控制需要对法规环境的变化做出敏感的反应。法规环境是不断变化的，新的法规和规定可能会影响企业的经营和财务活动。财务内部控制必须设定机制，能够及时获取、理解和响应法规的变化，以确保企业的财务运作符合最新的合规标准。

内部控制需要加强对数据的保护和隐私合规性的管理。众多法规对于个人信息和财务数据的保护提出了更高的要求，企业需要通过内部控制机制，建立合适的数据保护和隐私保护措施，确保数据的合规使用和存储。

在财务报告方面，内部控制需要确保财务报告的真实性和准确性。法律合规要求企业提供可靠的财务信息，内部控制必须强化财务报告的审计过程，确保其符合法规要求。这可能包括对财务数据的验证、审计程序的加强，以及确保报告中所含信息的合规性。

法律合规还要求企业建立合适的风险管理机制。内部控制需要在风险评估方面作出优化，确保风险的全面识别、评估和应对。这可能包括对法规风险的特别关注，建立专门的法规风险管理机制，以更好地防范法规方面的潜在风险。

二、最佳实践与未来发展趋势

（一）法律合规与内部控制的最佳实践

法律合规与企业财务内部控制密不可分，最佳实践是确保企业在法规要求下合法、透明、稳健经营。法律合规旨在规范企业行为，而财务内部控制作为实现法规合规的手段，其最佳实践体现在对法规要求的深入理解、风险管理、信息透明度、合规流程、员工培训和法规变化应对等多个方面。

最佳实践要求企业深刻理解法规要求。法规体系是企业经营的基石，最佳实践要求企业对国家和地区的法规法律进行全面深入的研究和理解。只有在深刻理解法规要求的基础上，企业才能够建立出符合法规要求的财务内部控制体系，确保企业经营活动的合法性。

最佳实践要求企业通过风险管理确保法规合规。风险评估是法规合规的基础，企业需要全面分析市场、行业、经济等多个方面的风险，识别可能涉及法规合规的潜在风险因素。在风险评估的基础上，企业可以建立出一套科学合理的内部控制机制，以最大限度地减少法规合规风险的发生。

信息透明度是法规合规的核心要求之一，最佳实践要求企业通过建立规范的财务报告和信息披露流程，确保企业的财务信息得以充分透明。透明度不仅仅是法规合规的要求，也是企业与外部利益相关方建立信任关系的基础。最佳实践要求企业提高信息披露的频率和质量，使外部利益相关方能够更清晰地了解企业的财务状况。

员工是财务内部控制的执行者，最佳实践要求企业通过员工培训提高其对法规的理解和遵守程度。员工培训是内部控制的一个重要方面，通过培训，员工能够更好地理解法规的要求，从而在日常工作中遵守法规。最佳实践要求企业建立健全的员工培训机制，确保员工具备合规的操作能力。

（二）未来发展趋势与挑战

法律合规与企业财务内部控制将面临更加复杂和严峻的发展趋势与挑战。

全球化将是未来的发展趋势。随着全球经济的不断发展，企业的业务范围逐渐扩大到全球各个角落。这将带来更多国际法规和跨境合规挑战。企业财务内部控制需要适应全球化的发展，建立更为全面的合规机制，确保在各国法规体系下都能够合法经营。

数字化转型将对法律合规和内部控制提出新的要求。随着科技的不断进步，企业的业务日益数字化。这意味着更多的数据需要受到保护，更多的数字化业务需要合规审计。法律合规将更加关注数字隐私和信息安全等方面，企业财务内部控制需要适应数字化转型，建立先进的数字化审计机制。

不断变化的法规环境将是未来的挑战之一。法规环境在不同国家和地区以及行业之间差异巨大，而且不断发生变化。企业财务内部控制需要具备快速适应的能力，能够及时调整内部控制机制，确保企业的经营活动始终符合法规的要求。

随着社会对企业社会责任的关注不断增加，未来法律合规和企业财务内部控制将更加关注企业的社会责任。企业需要在内部控制中纳入更多的社会责任因素，确保企业在经济活动中不仅合法合规，还要具备一定的社会责任感。

未来的挑战还包括对透明度和信息披露的更高要求。社会对企业行为的关注使得信息披露成为一项重要的法律合规要求。企业财务内部控制需要加强对信息披露的管理，确保披露的信息真实、准确、完整，以满足社会对企业透明度的要求。

第八章 企业财务风险管理与信息技术

第一节 信息技术在企业财务风险管理中的应用

一、信息技术在财务风险管理中的基础与作用

(一) 信息技术框架概述

信息技术框架是构建企业信息技术系统的基础架构,而在财务风险管理中,信息技术发挥着至关重要的基础与作用。信息技术不仅为企业提供了高效的财务数据处理和管理手段,同时也在财务风险管理中发挥着关键的角色。

信息技术框架的概述可以从其组成结构和功能出发。信息技术框架是一个包含硬件、软件、网络、数据和人员等要素的系统,旨在支持和促进企业信息系统的设计、开发、运行和管理。硬件部分包括计算机设备、服务器、存储设备等;软件包括操作系统、数据库管理系统、应用软件等;网络则是连接这些硬件和软件的通信渠道;数据是信息技术系统的核心,涵盖了各种财务数据、交易数据等;人员则是负责信息技术系统运营和维护的相关人才。

在财务风险管理方面,信息技术作为基础扮演着不可或缺的角色。信息技术通过建立高效的财务信息系统,使企业能够及时、准确地收集、处理和分析财务数据。这为财务风险管理提供了强有力的数据支持,使企业能够更好地了解其财务状况,及时发现潜在的风险因素。

信息技术通过数字化的手段提高了财务数据的精确性和可靠性。自动化的财务系统可以有效减少人为错误的发生,提高数据的准确性,为企业提供更可靠的财务信息。这对于财务风险管理而言是至关重要的,因为基于准确数据的决策能够更有效地降低风险。

信息技术还通过建立安全、完整的数据存储和传输机制,为财务数据的保护提供了有力支持。加密技术、防火墙、身份验证等信息安全手段可以有效防范潜在的财务信息泄露和篡改风险。信息技术还为财务数据的备份和恢复提供了可靠的手段,降低了数据遗失的风险。

在财务风险管理中,信息技术的作用还表现在对交易过程的监控和审计方面。企业可以通过信息技术系统对财务交易进行实时监控,及时发现异常情况并采取相应措施。信息技术系统可以记录和存储大量的交易数据,为后续的审计工作提供支持,使企业能够更好地追踪和核查财务活动,减少潜在的欺诈风险。

信息技术还通过提供各类财务软件和工具,支持企业进行财务规划、预测和分析。这些工具可以帮助企业更好地理解其财务状况,识别潜在的风险,并制定相应的风险管理策略。信息技术的应用使得财务分析更加精准和全面,为企业的财务风险管理提供更为可靠的依据。

信息技术还在财务风险管理中支持了企业的远程办公和云计算应用。特别是在全球化的背景下,企业分布在不同地区的财务数据需要实时共享和处理。信息技术通过建立云计算平台,实现了财务数据的跨地区、跨部门的协同管理,为企业提供了更灵活、高效的财务风险管理手段。

信息技术框架为企业财务风险管理提供了基础与作用。通过高效的财务信息系统、数字化手段提高数据准确性、安全可靠的数据保护机制、对交易过程的监控和审计、财务软件和工具的支持、远程办公和云计算的应用等方面,信息技术在财务风险管理中发挥了关键作用。企业在构建信息技术框架时需要注重系统的完整性、数据的安全性、业务流程的高效性,以充分发挥信息技术在财务风险管理中的潜在优势。

(二)信息技术在财务风险管理中的作用

1. 数据分析与挖掘的应用

数据分析与挖掘在财务风险管理中扮演着关键的角色,它们的应用使得企业能够更加深入地理解财务风险、有效地进行风险识别与分析,为风险决策提供有力支持。

数据分析与挖掘的应用建立在海量财务数据的基础之上。企业每天产生大量的财务数据,包括收入、支出、投资、负债等多个方面的信息。数据分析与挖掘技术能够帮助企业从这些数据中挖掘出有用的信息,识别潜在的风险因素。

数据分析与挖掘通过建立模型来预测财务风险。通过对历史数据的分析,可以建立模型来预测未来的财务风险。这有助于企业提前做好风险应对准备,制定相应的风险管理策略。

在风险识别方面,数据分析与挖掘技术能够通过对异常值和模式的检测,发现潜在的财务风险。例如,通过分析财务数据的异常波动,可以发现潜在的财务违规行为或者异常交易,从而提前采取相应的风险控制措施。

数据分析与挖掘可以帮助企业建立客户信用评估模型。通过分析客户的历史交易数据、支付记录等信息,企业可以更准确地评估客户的信用状况,预测客户的违约概率,从而降低坏账的风险。

数据分析与挖掘技术还能够通过对供应链的分析,识别潜在的供应链风险。通过监控供应链上的数据,企业可以及时发现供应商的财务问题、交货延误等潜在风险,采取相应措施避免风险对企业的影响。

在投资决策方面，数据分析与挖掘技术能够通过对市场数据的分析，辅助企业进行投资决策。通过对股票、债券等金融市场的数据进行深入挖掘，可以帮助企业识别投资机会，降低投资风险。

数据分析与挖掘还能够通过对员工行为的分析，识别潜在的内部风险。通过对员工的操作数据、登录记录等进行分析，企业可以发现潜在的内部欺诈行为，加强内部控制，减少内部风险。

在应对市场变化和经济波动方面，数据分析与挖掘技术也具有重要作用。通过对宏观经济数据、市场趋势等进行分析，企业可以更好地了解市场的发展动向，及时调整战略，应对潜在的市场风险。

数据分析与挖掘技术通过对财务数据的深度分析，能够帮助企业更好地理解财务风险、提前识别潜在风险因素，为企业提供有效的风险管理和决策支持。这种应用不仅能够提高风险识别的准确性，也能够降低企业在风险面前的不确定性，促进财务稳健运作。

2. 智能算法与机器学习在财务风险预测中的应用

财务风险预测是企业管理中至关重要的一环，而智能算法与机器学习的应用正成为财务风险预测中的前沿技术。信息技术在财务风险管理中扮演着基础性和关键性的角色，为企业提供了更加精准、实时的风险预测与管理手段。智能算法，作为财务风险预测的核心工具之一，通过模拟和模型构建，能够深入挖掘大量复杂的财务数据。其优势在于能够识别非线性关系和隐藏的模式，从而更好地捕捉潜在风险。例如，神经网络模型能够通过学习历史数据，发现财务风险中的规律和趋势，为企业提供更准确的预测。

机器学习算法的应用进一步提升了财务风险预测的精度和效率。通过监督学习、无监督学习和强化学习等方法，机器学习能够处理大规模的财务数据，自动学习和优化模型，不断提升其在风险预测中的表现。决策树、支持向量机，以及集成学习等算法都展现出了在不同风险情境下的应用潜力。

信息技术在财务风险管理中的基础作用主要体现在数据的采集、存储和处理方面。现代企业面临着海量的财务数据，信息技术通过云计算和大数据处理技术，为企业提供了强大的数据支持。信息技术的发展也促进了财务数据的实时化，企业可以更及时地获取和更新财务信息，从而更灵活地应对潜在的风险。

信息技术还为财务风险管理提供了更加安全和可靠的信息基础。通过使用先进的加密技术和身份验证系统，企业可以更好地保护其财务数据的机密性和完整性，有效防范外部和内部的风险威胁。

财务风险预测的前沿在于智能算法与机器学习的应用，而这一应用的实现离不开信息技术的支持。信息技术在财务风险管理中发挥着基础性和关键性的作用，为企业提供了更先进、高效的工具和手段，使其能够更好地应对不断变化的市场环境和财务风险。

二、信息技术在财务风险管理中的实际应用与最佳实践

（一）信息技术在风险预防与控制中的应用

信息技术在财务风险管理中扮演着关键的角色，通过其实际应用和最佳实践，为企业提供了有效的风险预防与控制手段。在财务领域，信息技术的应用主要涵盖数据管理、自动化流程、风险监控、安全保障以及数据分析等方面。

信息技术在财务风险管理中的实际应用体现在数据管理方面。财务数据是企业决策的基础，而信息技术通过建立高效的数据管理系统，实现了对财务数据的集中、整理、存储和更新。通过数据库管理系统等技术手段，企业能够建立起完善的数据架构，确保财务数据的准确性和一致性。这为企业提供了可靠的数据基础，有助于降低因数据错误而导致的财务风险。

信息技术通过自动化流程的实际应用提高了财务活动的效率和精确度。自动化流程可以涵盖财务核算、报告生成、支付处理等多个方面。例如，企业可以通过财务管理软件实现自动的账务处理，加快财务周期，减少手工操作带来的错误。自动化流程的应用不仅提高了财务工作效率，同时降低了财务操作中的人为风险，为财务风险管理提供了实际保障。

风险监控是财务风险管理中的关键环节，信息技术通过建立监控系统实现对潜在风险的实时监测。监控系统可以跟踪财务交易、预警潜在风险，同时提供实时的财务数据报告。例如，企业可以通过实施智能化的风险监控系统，自动识别异常交易、追踪市场波动等，及时发现潜在的财务风险。这种实时监控的方式有助于企业快速做出反应，减小潜在风险对企业的不利影响。

信息技术在财务风险管理中的实际应用还体现在安全保障方面。财务数据的泄露和篡改是财务风险的主要威胁之一，而信息技术通过建立安全防护系统，保障财务数据的机密性和完整性。例如，企业可以采用加密技术、身份验证等手段，确保财务数据的传输和存储过程中不受到未授权的访问。这种信息安全的实际应用有效地减小了财务风险发生的可能性，维护了企业的财务稳健性。

信息技术通过数据分析的实际应用，为企业提供了深入了解财务状况和风险因素的手段。企业可以利用数据分析工具对财务数据进行挖掘，发现隐藏在数据中的规律和趋势。例如，通过对历史交易数据的分析，企业可以识别出潜在的风险模式，为制定风险管理策略提供参考。数据分析的实际应用使得企业能够更全面地了解财务风险，为风险预防和控制提供科学依据。

最佳实践方面，企业可以在信息技术的应用上进一步加强。建立全面的风险管理信息系统，整合财务、市场、信用等多方面的数据，实现对全面风险的监控和评估。采用先进的技术手段，如人工智能、区块链等，提高风险监控的智能化水平，加强对复杂风险的预测和防范。再者，加强人员培训，确保企业内部人员具备运用信息技术进行财务风险管理

的能力，提高整个组织对风险的敏感性和应对能力。

（二）信息技术在财务风险报告中的体现

信息技术在财务风险管理中扮演着不可或缺的角色，其体现在财务风险报告的各个环节，实际应用涵盖了多个方面，而最佳实践则需要结合企业的实际情况进行灵活应用。

信息技术在数据收集和整合方面发挥了关键作用。通过信息技术系统，企业能够实时收集、存储和整合大量的财务数据。这些数据包括资产负债表、现金流量表、利润表等各类财务报表，以及与供应链、客户关系等相关的数据。信息技术系统通过自动化的方式，确保数据的准确性和完整性，为后续的风险分析提供了可靠的基础。

信息技术在风险识别和评估中发挥了重要作用。通过利用数据挖掘、人工智能和机器学习等技术，企业能够更加准确地识别潜在的财务风险。例如，通过对大量历史数据进行分析，系统可以识别异常模式和趋势，提前发现潜在的风险信号。信息技术系统还可以帮助企业建立风险评估模型，对各种风险因素进行定量分析，为企业提供科学的风险评估。

信息技术在财务风险报告中还发挥了重要的监测和预警功能。通过建立实时监测系统，企业能够迅速发现潜在的财务风险事件。例如，通过设置预警指标，系统能够在财务指标偏离正常范围时发出警报，帮助企业及时采取措施。信息技术的实时监测和预警功能有助于提高企业对风险的敏感性，降低风险事件的发生概率。

信息技术在风险报告的制作和呈现方面起到了关键的支持作用。利用数据可视化技术，企业可以将财务风险的复杂信息以直观的方式呈现出来。这包括利用图表、报表和仪表盘等工具，使得管理层能够迅速了解企业的财务状况和风险状况。信息技术的报告制作和呈现功能有助于提高决策效率，使管理层更好地理解和应对财务风险。

在风险应对方面，信息技术也为企业提供了丰富的工具和手段。例如，企业可以借助信息技术系统建立起完善的内部控制体系，通过权限管理、审计追踪等功能，降低内部风险的发生概率。信息技术还可以支持企业建立应急预案和灾难恢复机制，确保在财务风险事件发生时能够迅速应对和恢复。

在信息共享和合作方面，信息技术通过云计算和协同办公平台等工具，使得不同部门和业务单元之间能够实现信息的共享与协同。这有助于全面了解企业各个方面的财务风险，提高风险管理的整体效能。信息技术也支持企业与外部合作伙伴的信息共享，形成全产业链的风险管理网络。

最佳实践需要企业综合考虑信息技术在财务风险管理中的各个环节。企业需要确保信息技术系统的安全性和可靠性，以防止信息泄露和系统故障带来的财务风险。企业应根据业务需求和实际情况，选择适合的信息技术工具和系统，以确保其能够满足财务风险管理的具体要求。培养员工的信息技术素养也是至关重要的一环，以确保信息技术的有效应用。

信息技术在财务风险管理中的应用是全方位的，包括数据收集、风险识别、监测预警、报告制作呈现、风险应对等多个环节。企业通过合理应用信息技术，能够更加全面、准确地理解和管理财务风险，提升财务决策的科学性和有效性。

第二节 数据分析与财务风险预测

一、数据分析在企业财务风险管理中的基础与特征

（一）数据分析的基本概念与方法

数据分析是一种通过对大量数据进行系统性收集、整理、分析和解释的过程，以获取有关趋势、模式和关系的见解。在企业财务风险管理中，数据分析具有基础性与特征性的重要作用。

数据分析在企业财务风险管理中扮演基础的角色。它依赖于各类财务数据的收集，包括但不限于资产负债表、利润表、现金流量表等。这些数据构成了企业财务状况的基本信息。通过对这些基础数据的分析，企业可以深入了解自身的财务状况，把握经营活动的实质，为财务风险管理提供了必要的信息基础。

数据分析在企业财务风险管理中的特征主要表现在其全面性和综合性。财务数据涵盖了企业各个方面的经济活动，包括财务状况、经营业绩、市场竞争等多个维度。通过对这些数据的综合分析，企业能够全面把握其整体财务状况，而非片面关注某一方面的数据。这种全面性和综合性的特征使得企业在制定财务风险管理策略时能够更全面、深入地考虑各种潜在风险因素。

数据分析还在财务风险管理中体现出其灵活性和实时性。随着技术的发展，企业可以采用先进的数据分析工具和方法，实现对大规模、高维度数据的实时分析。这意味着企业可以更迅速地捕捉到财务变化的蛛丝马迹，及时作出反应。数据分析的灵活性和实时性为企业提供了更有针对性、更迅速的财务风险预警和管理手段。

数据分析还在企业财务风险管理中发挥着预测和模型建立的作用。通过历史数据的分析，企业可以建立财务风险的预测模型，识别出潜在的风险信号。这使得企业能够更提前、更准确地预测可能发生的财务风险，有助于采取相应的风险管理措施。

（二）财务数据的特点与分析需求

财务数据是企业运营和财务管理的关键组成部分，其类型和来源多种多样。信息技术在财务风险管理中的应用涉及对财务数据的处理、分析、整合和监控等多个方面，通过合理实际的应用，企业能够更好地识别和管理潜在的财务风险。

财务数据的类型主要包括资产负债表、现金流量表和利润表等。资产负债表反映了企业在特定日期的资产、负债和所有者权益状况，是企业财务状况的静态展示。现金流量表记录了企业在一定时期内的现金流动情况，包括经营活动、投资活动和融资活动。利润表则展示了企业在一定时期内的收入、成本和利润状况。这些不同类型的财务数据反映了企业的财务运作、流动性状况和盈利能力等方面的信息。

财务数据的来源主要包括内部财务系统、外部交易平台、税务机关和财务报表审计等。内部财务系统是企业自身建立的财务管理系统，包括会计软件、财务信息系统等。外部交易平台涵盖了企业与供应商、客户、合作伙伴等进行交易的各种平台，包括电子支付系统、电子商务平台等。税务机关提供了企业的纳税记录和报表信息。财务报表审计是由独立审计师对企业财务报表的真实性和准确性进行审计，提供独立的财务信息保障。

二、企业财务风险预测模型与实际应用

（一）财务风险预测模型的建立

财务风险预测模型的建立是企业管理中的一项复杂而关键的任务。模型的构建需要充分考虑企业特定的财务数据和环境背景。模型的输入应涵盖多个维度的财务信息，包括资产负债表、利润表、现金流量表等，以确保模型能够全面分析企业的财务状况。模型还需要考虑外部环境因素，如宏观经济指标、行业趋势等，以更准确地反映企业面临的风险。

模型的选择对于财务风险预测至关重要。不同类型的财务风险可能需要不同的模型来进行有效的预测。例如，对于市场风险，时间序列分析和机器学习算法可能更为适用；而对于信用风险，则可能需要采用统计模型。企业需根据自身的业务特点和风险暴露情况选择合适的模型，以提高预测的准确性和可靠性。

在模型建立过程中，数据质量和预处理也是关键因素。企业需要确保财务数据的准确性和完整性，避免因数据质量问题导致的误差。对于大量的财务数据，需要进行有效的预处理，包括缺失值处理、异常值检测和数据标准化等，以确保模型建立在清洁、可靠的数据基础上。

一旦财务风险预测模型建立完成，其实际应用需要与企业的决策流程和战略目标相结合。模型的输出结果应该能够为企业管理层提供有针对性的决策建议，帮助其更好地识别和规避财务风险。模型的实际应用还需要与企业的风险管理体系相衔接，形成一个闭环，以确保模型的输出能够迅速而有效地转化为实际的风险管理行动。

财务风险预测模型的实际应用还需要定期评估和调整。市场和经济环境的变化可能影响模型的预测效果，因此企业需要定期对模型进行验证和更新。通过不断的学习和改进，企业能够提高财务风险预测模型的适应性和准确性，更好地应对动态变化的市场和风险情境。

财务风险预测模型的建立和实际应用是一项复杂的任务，需要综合考虑企业的财务数据、环境背景和风险特征。模型的选择、数据质量、预处理以及与企业决策流程的衔接都是关键因素。在模型建立完成后，其实际应用需要与企业的风险管理体系相结合，形成一个闭环，以实现财务风险的及时预测和有效管理。

（二）预测模型的评估与优化

财务风险预测模型在实际应用中的有效性取决于其评估与优化的过程。企业需要对模型进行全面评估，发现潜在问题并进行优化，以确保财务风险预测的准确性和可靠性。

模型的评估是确保其有效性的重要步骤。评估过程应当包括对模型的精度、鲁棒性、稳定性等方面的考察。精度是指模型的预测结果与实际发生的财务风险情况之间的接近程度。鲁棒性指模型在不同数据集或不同时间段内的性能表现稳定，不容易受到外部干扰的影响。稳定性则关注模型的输出是否对输入数据的小波动敏感。评估这些方面有助于确定模型的可靠性和适用性。

评估过程中需要注重模型的解释性。模型的预测结果通常是一个复杂的数学公式或算法，而企业决策者需要理解模型的输出背后的原因。模型的解释性对于决策者能够理解模型结果、制定相应决策至关重要。因此，在评估过程中，企业需要关注模型的解释性，并确保模型的输出能够被决策者理解和接受。

在模型评估的基础上，企业需要进行模型的优化。优化的目标是提高模型的预测能力，使其更符合实际情况。优化可以包括调整模型的参数、改进特征选取、采用不同的算法等手段。通过反复实验和优化，企业可以逐步提升模型的性能，使其更适用于复杂和变化的财务环境。

财务风险预测模型在实际应用中需要与实际业务环境相结合。模型的建立和优化需要考虑企业所处的行业、市场特点以及经济环境的变化。模型在实际应用中的有效性取决于其是否能够适应不同的经济周期和市场波动。因此，企业在应用财务风险预测模型时需要不断调整和优化模型，确保其能够适应不同背景下的财务环境。

模型的实际应用需要注重数据的质量和实时性。财务数据的准确性和及时性对于模型的性能有着重要影响。企业需要确保财务数据的完整性，及时获取最新的数据以更新模型，从而提高模型的实际应用价值。

在实际应用过程中，企业还应该关注模型的可持续性。财务风险是一个动态的过程，受到各种外部和内部因素的影响。因此，模型的建立和应用需要具备一定的可调性和可更新性，以适应财务环境的变化。

企业在财务风险预测模型的实际应用中需要进行全面的评估与优化。通过评估模型的准确性、鲁棒性、解释性等方面，不断进行模型的优化，使其更好地适应实际财务环境。企业需要注意模型与实际业务的结合，注重数据质量和实时性，确保模型具有可持续性，为财务风险管理提供有效支持。

第三节 区块链技术在企业财务风险管理中的应用

一、区块链技术在企业财务风险管理中的基础与应用

（一）区块链技术的基本概念与原理

区块链技术是一种去中心化、分布式的账本技术，其基本概念和原理在于通过加密技术、共识机制和分布式数据库等手段，实现在网络中的安全、透明和不可篡改的信息交

换。在企业财务风险管理中，区块链技术以其特有的特点为企业提供了有效的基础与应用。区块链技术的基本概念包括区块和链。区块是包含一定交易信息的数据单元，每个区块包含上一个区块的哈希值，形成了一个有序的链。这种链式结构使得区块链中的数据呈现出不可篡改的特性。每个区块都通过密码学哈希函数与上一个区块连接在一起，任何一块数据的篡改都会导致整个链的改变，因此保证了数据的安全性。

区块链技术的原理在于去中心化和共识机制。去中心化意味着在区块链网络中，没有一个单一的中心控制机构，而是由网络中的节点共同维护和管理账本。这使得数据没有单一的攻击目标，提高了系统的抗攻击能力。共识机制是通过一定的规则确保网络中的节点就区块的有效性达成一致，防止恶意节点的存在。常见的共识机制包括工作量证明（PoW）和权益证明（PoS）等。

在企业财务风险管理中，区块链技术为企业提供了一种更安全、更透明、更高效的财务信息管理方式。由于区块链上的数据不可篡改，企业可以在财务交易中保持数据的完整性，防止数据被恶意篡改或删除，提高了财务数据的可信度。

去中心化的特性使得企业在进行跨境交易时不需要中介机构的介入，减少了中间环节，降低了财务交易的成本。企业可以通过区块链网络与供应链、客户等各方直接进行交易，实现更迅速、更经济的财务管理。

共识机制的应用保障了交易的真实性和一致性。在企业财务交易中，节点通过达成一致，确保了交易的有效性。这使得企业可以更加可靠地进行财务交易，避免了可能出现的错误和争议。

区块链技术还可以为企业提供更高效的财务审计。由于区块链上的所有交易都是公开透明的，企业可以实时监控财务活动，降低了财务造假的可能性。审计人员可以通过区块链技术追溯交易流程，提高审计的效率和准确性。

在实际应用中，企业可以基于区块链技术建立自己的财务区块链系统，将财务交易信息以区块的形式记录在链上。这有助于建立更加安全、透明、高效的财务管理体系。企业还可以借助智能合约等技术，将财务规则编码到区块链中，实现自动化的财务执行，降低操作风险。

（二）区块链在财务领域的特殊应用

1. 智能合约与自动化财务流程

智能合约与自动化财务流程是当今企业财务领域中引起广泛关注的创新技术。这些技术的结合，借助区块链技术，为企业财务风险管理提供了新的基础和应用方式。智能合约作为一种自执行的合同机制，能够通过编程实现合同条件的自动执行，无需中介参与。这为企业财务流程引入了高度的透明度和可追溯性，降低了合同履行的风险。当财务交易通过智能合约完成时，合同执行的全过程被记录在区块链上，确保了信息的不可篡改性，从而提高了企业财务交易的安全性。

自动化财务流程利用智能合约的执行能力，将财务管理的各个环节实现无缝连接。这种高度自动化的流程，通过智能合约确保财务数据的实时更新和一致性，减少了人为干预的可能性，提高了财务数据的准确性和可信度。由此，企业在风险管理过程中能够更及时、更全面地获取数据，从而更灵活地应对不断变化的市场环境。

在区块链技术的支持下，这些智能合约和自动化流程形成了一个去中心化的财务系统。区块链的分布式账本确保了数据的分布式存储，防范了单一点故障和数据篡改的风险。这为企业财务风险管理提供了更为安全的基础，减轻了因系统故障或数据篡改而引发的潜在风险。

智能合约与自动化财务流程在区块链技术的支持下，为企业财务风险管理提供了创新的解决方案。通过降低合同履行风险、提高数据准确性和可信度，以及构建去中心化的财务系统，这些技术不仅优化了企业内部的财务运作，也为企业在不断变化的商业环境中更好地管理和应对风险提供了有力支持。

2. 区块链在支付与结算中的应用

区块链技术在支付与结算领域的应用正在逐渐改变企业的财务管理方式。区块链技术通过去中心化的特性，确保了支付与结算过程的透明性和安全性。区块链采用分布式账本技术，将交易信息存储在多个节点上，确保了信息的不可篡改性，有效防范了潜在的欺诈行为。

区块链技术为支付与结算提供了更高效的解决方案。传统的支付与结算过程涉及多个中介机构，导致了交易速度慢、成本高的问题。区块链技术通过智能合约等自动化工具，实现了无需中介的直接交易，大幅降低了支付与结算的时间和成本，提高了资金周转效率。

在企业财务风险管理方面，区块链技术为建立更可靠、透明的财务体系提供了基础。由于区块链的不可篡改性和去中心化特性，企业能够更加准确地追踪和记录财务交易，减少数据篡改和风险。这为企业提供了更可靠的财务数据基础，有助于及时发现潜在的风险因素。

区块链技术的应用还提高了企业的财务流程的透明度。通过将财务信息存储在区块链上，企业能够实现实时监控和审计，从而更好地掌握财务状况，及时识别和应对潜在的财务风险。这为企业提供了更强大的管理工具，使其能够更灵活地应对市场波动和外部环境变化。

区块链技术还为企业提供了更加安全的支付和结算环境。传统的支付系统容易受到网络攻击和数据泄露的威胁，而区块链的密码学技术和分布式存储机制提供了更高水平的安全性。这有助于企业在支付与结算中降低数据泄露和欺诈的风险，保障资金的安全。

区块链技术在支付与结算中的应用为企业提供了更高效、透明、安全的财务管理解决方案。其去中心化的特性有助于降低交易成本和提高效率，同时提供了更可靠的财务数据基础，加强了企业的财务风险管理能力。企业在应用区块链技术时需深入理解其工作原理，并结合实际业务需求进行定制化的应用，以最大程度地发挥其在财务管理中的优势。

二、区块链技术在企业财务风险管理中的实际应用与未来趋势

（一）区块链技术在风险识别与评估中的应用

区块链技术在风险识别与评估方面的应用为企业财务风险管理提供了全新的途径。该技术的实际应用展现了潜在的巨大潜力，并为未来财务风险管理带来了一系列新的趋势。

区块链技术在风险识别方面的应用主要体现在信息透明性和溯源性方面。通过区块链建立的去中心化、不可篡改的账本系统，企业能够实现实时、透明的财务信息记录。每一笔财务交易都被记录为一个区块，形成连续的区块链。这使得企业能够更迅速、准确地识别财务活动中的潜在风险，例如异常交易、资金流向不明等。信息透明性的提高有助于企业在财务活动中更及时地发现问题，从而有效地应对潜在风险。

区块链技术的溯源性贡献于财务风险评估的提升。由于区块链上的每一笔交易都与前一笔交易相连接，形成不可分割的链条，追溯财务活动的历史记录变得更加容易。企业可以通过溯源功能追踪特定资产或交易的来源和去向，确保交易的合法性和真实性。这有助于企业对于风险进行更深入的评估，防范可能的欺诈行为，提高财务风险管理的效能。

在实际应用中，企业通过区块链技术实现了财务信息的实时共享和验证。不同的参与方（如供应商、客户、金融机构）可以通过共享同一区块链账本，实现对财务信息的共同管理。这种共享机制使得企业能够更全面地了解整个供应链和价值链中的财务活动，减少信息不对称，降低了企业在跨部门、跨企业间的风险。

随着区块链技术的不断发展，预计将出现更多创新的趋势。智能合约的广泛应用将进一步加强区块链在财务风险管理中的角色。智能合约是一种自动执行的合同，通过预先设定的规则和条件，使得财务交易可以自动执行。这有助于降低人为错误和欺诈风险，提高交易的安全性和效率。

区块链技术可能在财务风险管理中推动数字资产的进一步发展。通过区块链发行和管理数字资产，企业可以更好地进行资产的跟踪、转移和管理。这有望为企业提供更多元、更灵活的资产管理方式，降低财务投资的风险。

联合区块链网络的形成也是未来的趋势之一。企业可以在特定行业或生态系统中建立联合区块链网络，通过共享财务信息，加强整个生态系统的风险防范能力。这种合作机制有助于企业更全面、深入地管理财务风险。

区块链技术在财务风险管理中的应用以及未来的趋势展示了其在提升信息透明性、溯源性和风险防范能力方面的巨大潜力。通过有效整合区块链技术，企业可以更好地管理财务风险，实现更安全、高效、透明的财务运作。

（二）区块链技术在风险预防与控制中的角色

区块链技术作为分布式账本的基石，扮演着关键的角色，发挥着在风险预防与控制中的独特作用。其在企业财务风险管理中的实际应用不仅令人瞩目，而且对未来趋势产生深远影响。

区块链的去中心化特性为财务风险管理提供了实质性的支持。通过将数据分布存储在各个节点上，区块链技术有效防范了单一点故障的可能性，提高了整体系统的韧性。这种分布式存储的机制不仅使得财务数据更为安全，也为企业提供了更为稳健的基础，有助于防范外部攻击和内部错误所带来的潜在风险。

区块链的透明性是其在财务风险管理中的又一亮点。由于所有交易都被记录在区块链上，任何参与者都能够查看和核实交易信息，从而降低了信息不对称的风险。透明的交易过程不仅提高了企业内部的监管能力，也有助于建立信任关系，减少了潜在的欺诈行为。

在实际应用方面，区块链技术被广泛应用于供应链金融和数字资产管理。通过区块链，企业可以实现对供应链的端到端可追溯性，减少了供应链中的信息不对称和延误问题，降低了由供应链波动引起的风险。数字资产的区块链管理不仅提高了资产的流动性，还为金融市场带来更高的透明度，有助于降低市场风险。

区块链技术在财务风险管理领域的发展趋势仍然充满潜力。随着技术的不断进步，区块链将更加成熟，其性能和扩展性将得到提升。预计区块链将更广泛地应用于企业间合作、跨境贸易和金融领域，进一步提升财务风险管理的效能。随着智能合约和区块链技术的深度融合，企业将能够更加灵活地应对复杂多变的市场环境，为财务风险管理提供更全面的解决方案。

第四节 信息技术与企业财务内部控制的整合

一、信息技术在企业财务内部控制中的影响与作用

（一）信息技术对财务内部控制的影响

信息技术对企业财务内部控制产生了深远的影响，这种影响体现在多个方面，包括自动化、数据分析、风险监控等多个层面。

信息技术的自动化应用使得财务内部控制更加高效。自动化处理财务数据和流程降低了人为错误的风险，提高了财务数据的准确性和可靠性。企业可以通过信息技术实现财务系统的自动对账、数据录入等操作，减少了手工操作的繁琐性，提高了工作效率。

信息技术为财务内部控制提供了更强大的数据分析能力。通过大数据技术和数据挖掘算法，企业可以深入挖掘财务数据中的规律和趋势，从而更好地识别潜在的风险。数据分析工具可以帮助企业在庞大的财务数据中发现异常，及时预警潜在问题，提高了财务风险的识别和评估水平。

信息技术的应用也加强了企业对风险的实时监控。通过实时监控系统，企业可以迅速获得财务数据的变动情况，对异常情况进行及时响应。实时监控有助于企业更迅速地发现潜在的风险事件，提高了财务内部控制的灵活性和反应速度。

信息技术还促使企业采用更加安全的电子支付和电子交易方式，从而降低了现金管理

方面的风险。企业可以通过信息技术建立安全的支付系统，防范财务欺诈和非法取款，保障企业财务安全。

信息技术的应用也改变了企业财务报告的方式。企业可以通过财务软件实现财务报表的快速生成和定制，使得财务报告更加直观、详尽。这有助于企业更全面地了解财务状况，为决策提供更准确的数据支持。

信息技术在财务内部控制中还促使企业采用更加先进的身份认证和访问控制技术，防范未经授权的访问和数据泄露风险。企业可以通过生物识别、多因素认证等技术确保财务数据的安全性，保障财务内部控制的稳健性。

信息技术在企业财务内部控制中的影响主要体现在自动化、数据分析、实时监控、支付安全、财务报告和身份认证等多个方面。企业通过充分利用信息技术，可以提高财务内部控制的效率和精度，降低风险，为企业的财务管理提供更强有力的支持。

（二）信息技术在内部控制中的角色

1. 内部控制法规与标准对信息技术的要求

内部控制法规与标准对信息技术的要求

在当今数字化时代，信息技术已经成为企业内部控制的重要组成部分。内部控制法规与标准对信息技术提出了一系列严格的要求，以确保企业在信息处理、存储和传输方面达到高水平的可靠性和安全性。信息技术在内部控制中扮演着关键的角色，其合理、有效的运用不仅关系到企业的经营和管理，也直接影响到信息资产的完整性、保密性和可用性。

内部控制法规与标准要求企业建立起完善的信息技术安全体系。这包括但不限于制定明确的信息安全政策、规定访问控制权限、建立安全审计机制等。在这个过程中，企业需要根据相关法规的要求，采用先进的技术手段，比如加密、身份验证等，以确保信息在存储和传输过程中不受到未授权的访问和篡改。

内部控制法规与标准对信息技术的合规性提出了高标准的要求。企业在信息技术的运用中，需要严格遵循相关法规的规定，确保信息的采集、处理和使用都符合法定要求。例如，在隐私保护方面，企业要建立起健全的隐私保护机制，对个人信息的收集和使用进行明确规定，并且进行有效的风险评估，以防范潜在的合规风险。

信息技术在内部控制中还承担着数据完整性和可用性的重要职责。内部控制法规与标准要求企业建立起健全的数据备份和恢复机制，以应对各种突发情况，如系统故障、自然灾害等。企业需要建立起高效的数据监控系统，确保数据的完整性，防止数据被篡改或损坏。信息技术还应用于确保数据的及时可用性，以支持企业的正常运营和管理决策。

内部控制法规与标准对信息技术提出了多方面的要求，要求企业在信息技术的运用中达到高水平的安全性、合规性和可用性。信息技术在内部控制中的角色至关重要，只有充分发挥其作用，企业才能更好地应对信息化时代的挑战，确保业务的稳健运营。

2. 数据分析与智能算法在风险识别中的应用

风险识别作为企业管理的一个重要环节，数据分析与智能算法在这一过程中发挥着至关重要的作用。信息技术在风险识别中的应用,首先需要具备强大的数据处理能力。这种能力使得企业能够处理大规模、复杂多样的数据,通过对这些数据的深度分析,揭示潜在的风险因素。

在数据分析方面,信息技术需要具备对数据进行有效清洗、整合和挖掘的能力。通过对海量数据的深入分析,企业可以识别出不同层面、不同维度的风险,为决策提供有力支持。这种数据分析不仅要求技术手段上的先进性,还需要具备对业务背景的深刻理解,以确保分析结果能够真实反映业务实际情况。

智能算法在风险识别中的应用,需要建立在先进的算法模型之上。这些算法模型可以通过机器学习、深度学习等方法,对大量数据进行训练和学习,从而不断优化自身的风险识别能力。智能算法能够识别出那些传统手段难以察觉的潜在风险,使企业更全面、更准确地了解经营环境中的各种威胁。

在内部控制方面,信息技术的角色不仅在于数据的采集和处理,更涉及对系统安全性的保障。内部控制需要确保信息系统的稳定性,防范各类网络攻击和数据泄露风险。信息技术还要负责建立完善的权限管理体系,确保不同层级的员工只能访问他们需要的信息,从而有效控制内部风险。

信息技术在内部控制中还需要具备对业务流程的全面监控和分析能力。通过对业务操作的实时监测,可以及时发现潜在的问题和异常,从而采取相应的措施进行调整和修正。这种监控不仅有助于风险的及时识别,还能提高企业整体的运营效率。

信息技术在风险识别和内部控制中的角色至关重要。它不仅需要具备强大的数据分析和处理能力,还需要在内部控制方面发挥关键作用,确保企业能够及时发现、应对各种潜在风险,从而更好地保障企业的稳健经营。

二、信息技术与财务内部控制的整合实践与未来趋势

(一)信息技术与内部控制的整合策略

信息技术与内部控制的整合是当前企业管理中的一项重要任务。在财务内部控制方面,信息技术的整合实践已经成为推动企业效率和风险管理的关键因素。随着科技的不断进步,未来趋势将进一步强化信息技术与财务内部控制的深度融合。

信息技术在财务内部控制中的整合策略体现在多个方面。企业需要建立高效的财务信息系统,实现财务数据的实时采集、处理和分析。这有助于加强对财务流程的监控,及时发现和解决潜在的风险。信息技术可用于自动化财务流程,提高财务操作的准确性和效率。通过采用先进的财务管理软件,企业能够实现财务数据的自动对账、报告生成等功能,减少人为错误的发生。

信息技术的整合还要求企业建立完善的访问控制和权限管理系统。这有助于确保只有经过授权的人员能够访问和修改财务信息,提升信息的保密性和完整性。在这方面,生物识别技术、多因素认证等高级身份验证手段的应用成为未来的发展趋势,以提升财务内部

控制的安全性。

信息技术的整合还促使企业加强对财务数据的监测和分析。通过数据分析工具的运用，企业可以更加深入地了解财务运营状况，发现潜在的风险和机会。人工智能和机器学习技术的发展将进一步提升财务数据分析的水平，为企业提供更精准的决策支持。

在未来趋势方面，信息技术与财务内部控制的整合将更加紧密。区块链技术的应用有望为财务数据的安全性和透明性提供更为全面的保障。云计算的发展将为企业提供更灵活、可扩展的财务信息系统，进一步提高企业对财务内部控制的响应速度和适应性。

信息技术与财务内部控制的整合实践已经取得显著进展，并将在未来持续深化。企业应积极采纳先进的技术手段，构建高效、安全、智能的财务内部控制体系，以适应不断变化的商业环境。这一整合将为企业带来更大的竞争优势和风险防范能力。

（二）信息技术与财务内部控制的实际整合案例分析

在财务领域，信息技术的整合是一项不可或缺的任务。财务内部控制主要依赖人工操作，容易受到错误和欺诈的影响。随着信息技术的发展，企业开始探索将其与财务内部控制整合的方式，以提高效率和准确性。一家成功整合信息技术与财务内部控制的企业案例是XYZ公司。该公司引入了先进的财务管理系统，实现了对财务流程的全面数字化。通过系统自动化，XYZ公司能够实时追踪财务数据，快速生成报表，并进行实时的财务分析。这种数字化的财务流程不仅减少了人为错误的可能性，还大大提高了财务数据的准确性和可靠性。

XYZ公司还利用信息技术实现了对财务流程的全面监控。通过设置智能警报系统，公司能够及时发现任何异常操作或潜在风险。例如，系统可以自动检测到超过正常范围的财务交易，从而触发报警，帮助公司及时采取措施。这种实时监控有效地防范了潜在的欺诈行为，提高了内部控制的效力。

信息技术与财务内部控制的整合趋势将更加注重人工智能和数据分析的应用。企业将更加依赖先进的算法和模型，通过对大数据的深入分析，识别出潜在的财务风险。这种智能化的财务内部控制系统将能够更好地适应复杂多变的商业环境，准确预测未来可能发生的风险。

随着区块链技术的不断发展，财务内部控制也将迎来新的变革。区块链的去中心化和不可篡改的特性使得财务交易更加透明和安全。企业可以利用区块链技术建立起更加可信赖的财务数据存储和交易记录系统，进一步提高内部控制的水平。

信息技术与财务内部控制的整合在实际应用中取得了显著的成果。随着人工智能和区块链等技术的广泛应用，这种整合将更加深入，为企业带来更高效、更安全的财务管理和内部控制体系。

第九章 企业财务风险管理与内部控制的未来趋势与展望

第一节 企业财务风险管理与内部控制的未来挑战

一、企业财务风险管理的未来挑战

（一）技术创新与数字化转型对财务风险管理的影响

技术创新和数字化转型对企业财务风险管理产生深远影响。随着科技的不断发展，企业财务面临新的挑战和机遇。技术创新和数字化转型不仅提高了财务风险管理的效率，也带来了新的未来挑战。

技术创新和数字化转型使得企业能够更加迅速、精确地识别和分析财务风险。先进的数据分析工具和人工智能系统能够处理海量财务数据，快速发现异常模式和趋势，从而提前预警潜在风险。这种实时性和精准性的风险识别有助于企业及时采取措施，降低财务损失的可能性。

数字化转型改变了财务流程和决策的方式。企业可以通过云计算、区块链等技术实现财务信息的实时共享和透明化，促使决策者更加准确地了解企业的财务状况。这种数字化的财务流程不仅提高了内部控制的效能，还使得企业更容易适应市场变化，降低财务风险。

随着技术创新和数字化转型的深入，企业财务风险管理面临一系列新的挑战。信息安全和隐私问题成为了一个突出的难题。

技术创新带来的复杂性也增加了财务风险的不确定性。新的技术工具和系统可能存在未知的缺陷和漏洞，导致财务数据的错误或丢失。企业需要建立更加灵活和适应性强的风险管理机制，及时调整策略应对不断变化的技术环境。

数字化转型也带来了员工技能的挑战。新技术的引入需要员工具备更高的技术水平和数字化素养，而这可能需要企业进行培训和人才引进。缺乏相应技能的员工可能会影响数字化转型的顺利进行，从而增加财务风险。

技术创新和数字化转型为企业财务风险管理带来了积极的影响，提高了风险识别和应对的能力。随之而来的信息安全、复杂性和员工技能等挑战也需要企业认真应对，以确保财务风险管理能够在数字化时代保持稳健和可持续。

（二）新兴业务模式与全球化带来的挑战

1. 跨境业务与国际化挑战

企业在跨境业务与国际化的进程中面临新兴业务模式与全球化所带来的众多挑战，其中财务风险管理成为至关重要的一环。跨境业务的不断扩张和全球化趋势使得企业在财务领域面对着更为复杂和多样化的风险。

新兴业务模式带来的挑战主要体现在对财务体系的调整上。随着业务模式的创新，企业需要适应数字化、平台化的发展趋势，这对财务系统的整合和升级提出了更高要求。新兴业务模式可能涉及到新的收入模式、资金流动路径等，需要企业财务人员具备更高的业务理解和分析能力，以更好地应对潜在的财务风险。

全球化带来的挑战主要表现在国际金融市场的不确定性和汇率风险上。企业在多个国家开展业务，面对着不同国家的法规、税收政策、汇率波动等差异。财务人员需要更具国际化的视野，积极关注全球宏观经济形势，及时调整风险防范策略。企业还需建立有效的汇率风险管理机制，以降低因汇率波动带来的资金损失。

在跨境业务和国际化过程中，企业面临的金融合规挑战也不可忽视。不同国家的合规要求存在较大差异，企业需要建立起全球一致的财务合规框架，确保在各个国家的经营活动均符合法规要求，避免因合规问题导致的财务风险。

全球化带来的多元文化环境也对企业财务风险管理提出了挑战。财务人员需要更好地理解不同国家和地区的文化差异，灵活调整财务管理策略，以适应不同文化背景下的业务运作。

在财务风险管理方面，企业需建立起全面的风险评估机制，对各种潜在的风险进行全面识别和量化。要加强信息技术的应用，建立高效的财务信息系统，以便更及时、准确地监测和响应风险事件。企业还需要建立起强大的团队，培养专业的财务人才，以更好地应对多元化、全球化带来的财务风险挑战。

跨境业务与国际化带来的新兴业务模式与全球化所带来的挑战对企业财务风险管理提出了更高的要求。只有通过全面的战略规划、跨国协作以及适应不同文化背景的灵活应对，企业才能在全球化的浪潮中保持财务的稳健和可持续发展。

2. 供应链变革与风险管理的挑战

企业面对供应链变革和风险管理时，财务风险管理面临诸多挑战。供应链的变革在全球化和数字化的趋势下愈加复杂，这为企业带来了新的机遇和风险。

供应链的全球化使得企业面对来自不同地区、不同文化的供应商和市场的财务风险更为复杂。货币波动、国际贸易政策的变化以及全球性的事件，如自然灾害和疫情，都可能对企业的财务状况产生直接或间接的影响。企业需要更加敏锐地把握全球经济动态，以有效地预测和规避这些跨国财务风险。

数字化的供应链变革也使得企业面临更多的信息安全风险。随着供应链各个环节数字化，企业财务数据的流通更加频繁，但也更容易受到网络攻击和数据泄露的威胁。保障供应链中信息的安全性成为财务风险管理亟需解决的问题，以确保财务数据的完整性和可靠性。

供应链的变革还使得企业更容易受到市场需求和竞争环境的影响。快速变化的市场需求可能导致库存过剩或缺货，从而直接影响企业的财务状况。供应链的复杂性也加大了企业在决策和计划方面的不确定性，需要更加灵活的财务管理策略来适应市场变化。

随着供应链的数字化，企业财务团队需要更具技术水平，能够运用先进的数据分析和人工智能工具来处理大量的供应链信息。这也意味着企业需要不断提升财务团队的数字化素养，以更好地应对财务风险管理的挑战。

供应链变革给企业财务风险管理带来了新的挑战。全球化、数字化和市场变化的复杂性使得财务风险更加难以预测和控制。在这样的环境下，企业需要不断提升财务管理水平，加强对全球经济、信息安全和市场变化的敏感性，以更为有效地应对供应链变革带来的财务风险。

二、企业内部控制的未来挑战与发展方向

企业内部控制在未来面临着日益复杂的挑战与快速发展的方向。随着商业环境的不断变化，内部控制需要适应新的形势，同时应对日益增加的风险。

随着科技的飞速发展，信息技术的广泛应用成为企业内部控制的挑战之一。数字化、云计算和大数据等新兴技术的普及使得企业面临着更多的信息安全和隐私保护的问题。内部控制需要不断升级，以确保企业的财务数据得到充分的保障，防范网络攻击和数据泄露的风险。

全球化的商业格局也使得企业内部控制面临更为多元的挑战。企业在不同国家、不同文化背景下经营，面临的法规和监管环境复杂多样。内部控制需要在全球范围内协调一致，确保各地业务的合规性和透明度。跨国企业需要建立更加灵活的内部控制机制，以适应全球化经营的需求。

企业内部控制的发展方向将更加注重风险预测和实时监控。企业需要借助先进的数据分析和人工智能技术，对海量的业务数据进行深度挖掘，识别出潜在的风险。实时监控系统将成为内部控制的核心，能够及时发现异常操作和潜在问题，从而降低风险发生的可能性。

企业内部控制需要更加强化对员工行为和文化的管理。人为因素是财务风险的一个重要来源，因此企业需要通过培训和文化建设，提高员工对内部控制的重视程度，降低因员工失误或不当行为导致的风险。

未来企业内部控制将面临来自技术、全球化和人为因素的多重挑战。要应对这些挑战，企业需要不断创新和升级内部控制机制，借助先进的技术手段和强化对员工的培训，

以确保企业能够有效预防、识别和管理各类潜在财务风险。

第二节 技术与社会趋势对企业财务风险管理与内部控制的影响

一、技术趋势对企业财务风险管理与内部控制的影响

(一) 数字化转型对财务风险管理与内部控制的挑战

数字化转型对企业的财务风险管理与内部控制带来了新的挑战。随着技术趋势的发展,企业需要更加灵活和创新地应对数字化时代所带来的财务风险与内部控制的演变。

数字化转型首先对财务风险管理提出了更高的要求。随着企业业务的数字化,涉及的数据量急剧增加,包括财务数据、客户数据等。这加大了数据泄露、篡改的风险,企业需要采用更先进的加密技术、权限管理等手段,确保敏感数据的安全。数字化带来的信息共享与互联网化使得财务风险更为复杂,企业需要建立更为全面、实时的财务风险评估与监控机制,以及时应对潜在的风险事件。

技术趋势对企业内部控制提出了新的挑战。数字化转型推动了企业内部业务流程的自动化与智能化。这意味着企业需要重新审视和设计其内部控制机制,确保数字化业务环境下的内部控制的有效性。新兴技术如人工智能、区块链等的应用使得内部控制需要更多关注算法透明性、智能合约的合规性等方面,以确保数字化环境下的内部控制机制不仅能适应新技术的发展,同时能够满足监管要求。

技术趋势还在提高企业内部控制的实时性和可追溯性。数字化转型使得企业业务流程更为复杂,需要更实时的内部控制来保障企业运作的稳定性。技术的可追溯性要求企业能够对每一步业务流程进行详细的记录与审计,以确保在发生问题时能够及时追溯到具体环节,进行有效的问题解决。

在技术趋势的影响下,企业还需关注数字化时代的新型威胁,例如网络攻击、数据泄露等。这需要企业加强网络安全、建立健全的信息安全政策,以保障数字化环境下内部控制的可靠性。

数字化转型对企业财务风险管理与内部控制提出了新的挑战。企业需要结合技术趋势,不断优化其财务风险管理和内部控制机制,以适应数字化时代的复杂与变化。只有通过不断更新技术手段、强化内部控制体系,企业才能更好地应对数字化带来的财务风险,确保财务运作的安全与稳定。

(二) 技术趋势的法规与合规挑战

技术趋势的迅猛发展给企业的财务风险管理和内部控制带来了新的挑战。随着新技术的广泛应用,企业需要在法规合规方面迎接更加严格和复杂的要求,同时应对技术趋势对财务风险管理和内部控制带来的深刻影响。

新兴技术的应用使得企业在法规合规方面面临更为严格的监管。随着数字化、人工智能和大数据等技术的普及，涉及到用户隐私、数据保护等方面的法规越发受到重视。企业需要确保其财务系统的运作符合各地的法规要求，从而避免面临法律责任和罚款。

新技术的广泛应用也增加了信息安全方面的风险。企业财务数据的数字化和网络化，使得其更容易受到网络攻击和数据泄露的威胁。加强信息安全防护成为内部控制的重中之重，以确保企业财务数据的完整性和保密性。

技术趋势对企业财务风险管理的影响体现在风险的多元化和复杂化。新兴技术的广泛应用带来了市场竞争的加剧，产品生命周期的缩短，市场需求的不断变化。企业在财务决策和风险管理方面需要更灵活的策略，更加敏锐地捕捉市场动向，以避免财务风险的发生。

技术趋势也推动了企业财务团队的数字化转型。企业需要拥有更强的技术能力，能够灵活运用数据分析和人工智能等工具，更好地预测和应对各类财务风险。数字化转型要求企业财务团队具备更高的技术素养，以更好地适应不断变化的技术环境。

技术趋势对企业财务风险管理和内部控制提出了新的要求。企业需要在法规合规、信息安全、风险多元化和数字化转型等方面做出相应的调整和升级，以更好地适应快速变化的商业环境，确保财务风险得到有效的管理和控制。

二、社会趋势对企业财务风险管理与内部控制的影响

在面对不断演变的社会趋势时，企业财务风险管理与内部控制不可避免地受到了深刻的影响。社会趋势的多样性，如科技创新、环境可持续性、全球化以及社会责任等，都在不同程度上对企业经营产生了影响，迫使企业重新审视其财务风险管理和内部控制的机制。

科技创新是当前社会的一大主导趋势，对企业财务风险管理和内部控制带来了新的挑战和机遇。数字化技术的广泛应用使得企业面临着更多的数据和信息，需要更先进的技术手段来分析和应对潜在的财务风险。科技的快速发展也为企业提供了更多先进的内部控制工具，如智能审计系统、区块链技术等，以提高审计的效率和准确性。

环境可持续性的关注度日益提高，企业在面临与环境相关的财务风险时需要更加审慎。环保法规的制定和执行，碳排放的管理等都可能对企业的财务状况产生直接或间接的影响。企业需要调整财务战略，加大对环境风险的预防和管理，以适应社会对可持续发展的日益严格的要求。

全球化的推进也在不断改变企业的经营环境，对财务风险管理和内部控制提出了更高的要求。国际市场的不断扩大，汇率波动、国际贸易政策的变化等都为企业带来了更多的财务风险。企业需要建立更为灵活和适应性强的财务管理体系，同时要在内部控制中加强对国际业务的监控和评估。

社会责任的重要性不断凸显，企业在履行社会责任的过程中也对财务风险管理和内部

控制提出了新的要求。企业需要更加全面地考虑社会和环境的因素，确保其经营活动不仅符合法规要求，还能够取得社会的认可。在内部控制方面，企业需要建立更加严格的规章制度，确保在履行社会责任的过程中不会出现财务风险的漏洞。

人才和文化的变化也对企业的财务风险管理和内部控制提出了新的挑战。随着新一代员工的加入，企业文化和价值观可能发生变化，影响到内部控制的执行。企业需要更灵活地调整内部控制机制，以适应不同文化和价值观的融合。企业也需要吸引和培养具有创新思维和应对多元文化的人才，以更好地应对财务风险。

社会趋势对企业财务风险管理与内部控制产生了深远的影响。在不断变化的社会背景下，企业需要不断调整和升级其财务风险管理和内部控制机制，以适应新的挑战和机遇。财务风险管理和内部控制不再是孤立存在的管理要素，而是与社会趋势密切相连，共同构筑着企业的可持续发展基石。

第三节 未来的企业财务风险管理与内部控制发展方向

一、未来企业财务风险管理的发展方向

（一）技术创新对财务风险管理的推动

技术创新对财务风险管理产生了深远的影响，推动了企业在财务领域的发展方向。企业的财务风险管理将更加注重前瞻性、智能化和整体性。

技术创新推动了财务风险管理从被动到主动的转变。以往的财务风险管理主要依赖历史数据和统计分析，而技术创新使得企业可以更加及时地获取和分析大量实时数据。通过人工智能、大数据分析等技术手段，企业可以在风险发生前预测并采取相应措施，从而降低财务风险的概率和影响。

企业财务风险管理将更加注重智能化的工具与系统的应用。自动化的财务工具将更加普及，提高财务流程的效率和准确性。机器学习等技术的应用将使得财务风险管理系统具备更强的学习和适应能力，能够自动识别新兴风险并做出相应调整，进一步提高财务风险管理的智能水平。

技术创新还将推动企业在财务风险管理中更加注重整体性。传统上，企业往往采用分散的方式处理不同类型的风险，而技术的发展使得不同业务领域的风险可以更好地整合和协同处理。通过数字化平台的建设，企业可以更全面地了解整个财务生态系统中的各种风险，并采取综合性的风险管理策略。

企业财务风险管理与内部控制将更加深度融合。技术创新使得内部控制机制更具智能化和实时性。区块链等技术的应用使得财务交易更加透明、可追溯，进一步增强内部控制的有效性。智能审计工具的引入将加速内部控制的自动化，减少人为因素对内部控制的影响。

企业在财务风险管理和内部控制方面的投资将更加注重科技创新。数字技术的广泛应用将为企业提供更多机会来更全面、实时地监测和应对财务风险。企业需要不断加强对员工的技术培训，以确保人力资源能够充分利用新兴技术，更好地配合财务风险管理和内部控制的实施。

技术创新推动了企业财务风险管理与内部控制的升级与演变。财务风险管理将更趋向于前瞻性、智能化和整体性，借助技术手段更好地应对不断变化的商业环境带来的挑战。

（二）跨界合作与共享经济对风险管理的挑战与机遇

企业在面对跨界合作与共享经济的时候，既面临着新的风险管理挑战，也迎来了前所未有的机遇。跨界合作和共享经济的兴起，对企业财务风险管理提出了新的要求，同时也为企业带来了更为广阔的发展前景。

跨界合作和共享经济的挑战主要表现在信息安全和合规性方面。企业在跨界合作中需要共享更多敏感信息，涉及到多方面的法规合规要求。确保合作平台的信息安全，以及合作活动的合规性，成为财务风险管理的关键挑战。企业需要加强合作伙伴的评估，建立更加健全的信息安全体系，以应对潜在的法律责任和财务风险。

共享经济的发展也带来了市场竞争和价格不确定性的挑战。共享经济模式的兴起使得市场竞争变得更加激烈，企业需要更为灵活的财务策略来适应价格的波动。共享经济中的用户评价和口碑对企业的品牌形象和市场地位有着直接的影响，对于财务风险的评估和应对变得更为复杂。

跨界合作和共享经济也为企业财务风险管理提供了新的机遇。通过合作，企业可以获得更多的资源，降低成本，提高效益。共享经济的发展使得企业能够更灵活地应对市场需求，提供更符合用户期望的产品和服务。这种协同合作和灵活响应市场的能力，有助于企业更好地规避财务风险，实现可持续发展。

企业财务风险管理的发展方向将更加注重创新和数字化转型。企业需要借助先进的数据分析、人工智能等技术手段，更准确地评估和预测跨界合作和共享经济中的各类风险。数字化转型也能够提升财务团队的工作效率，更好地支持业务决策。

跨界合作与共享经济对企业财务风险管理既带来了新的挑战，也开启了新的机遇。企业需要在合作伙伴选择、信息安全和市场竞争等方面加强管理，同时积极把握合作机会，通过创新和数字化转型提高财务风险管理的水平，实现更加稳健和可持续的发展。

二、未来企业内部控制的发展方向

（一）数字化转型对内部控制的改变

数字化转型对企业内部控制产生深远的影响，驱使着企业朝着更加智能、敏捷和全面的方向发展。这一变革对企业的财务风险管理和内部控制机制带来了多层面的影响，推动了未来企业内部控制的发展方向。

数字化转型使得企业内部控制更加智能化。通过引入人工智能、大数据分析等先进技术，企业能够更准确地识别潜在的风险，并在实时性上得到极大提升。这将推动企业从传统的反应式内部控制模式向预防和主动管理的方向转变，提高内部控制的敏感性和智能性。

数字化转型推动了内部控制的全面性发展。传统内部控制主要关注财务层面，而数字化时代企业面临着更广泛的风险，包括信息安全、数据隐私、合规性等。因此，未来企业内部控制将更加全面，不仅覆盖财务领域，还将整合各个业务流程，形成全方位、多层次的内部控制体系。

数字化转型也催生了企业内部控制的实时性和透明性。通过数字化技术的应用，企业能够实时监测业务流程，准确捕捉异常情况，使得内部控制具备更及时的响应能力。区块链技术的引入使得交易和流程的透明度大幅提升，进一步增强了内部控制的可追溯性和可验证性。

数字化转型对企业内部控制提出了对于人才的新要求。企业需要拥有掌握数字技术的专业团队，能够灵活应用新兴技术，构建和维护智能化的内部控制系统。这意味着，企业需要加强员工的技术培训，提高其数字化时代的适应能力。

数字化时代对企业财务风险管理和内部控制也带来了挑战。安全性成为关键问题，数字化环境下信息泄露、网络攻击等风险不断升级，因此企业需要在内部控制中强化信息安全管理，确保数字资产的保密性和完整性。

数字化转型催生了企业内部控制的深刻变革。企业的内部控制将更加智能、全面、实时，并对人才提出更高要求。数字化时代对财务风险管理和内部控制构成了挑战，但同时也为企业提供了更多机遇，使得内部控制体系更加适应未来不断变化的商业环境。

(二) 灵活的组织架构与文化变革对内部控制的挑战与机遇

在当今复杂多变的商业环境中，灵活的组织架构与文化变革对企业内部控制带来了新的挑战和机遇。企业内部控制是保障财务稳健运营和防范潜在风险的关键机制，而灵活的组织架构和文化变革将在未来塑造企业内部控制的发展方向。

灵活的组织架构给企业内部控制带来了挑战。传统的组织结构往往较为刚性，而灵活的组织架构强调反应速度和适应性。这导致内部控制体系需要更灵活地适应不断变化的组织形式，确保风险管理的连续性。灵活性可能增加内部控制的复杂性，要求企业及时调整和优化内部控制机制，以适应快速变化的组织环境。

文化变革对内部控制也提出了新的要求。企业文化是内部控制的基础，而文化的变革需要涉及到员工的价值观、行为规范等方面。如果文化变革不得当，可能导致内部控制的执行不力，增加潜在的风险。因此，企业需要在文化变革的强化对内部控制的培训和沟通，确保员工能够理解和积极参与内部控制体系的运作。

灵活的组织架构和文化变革也为内部控制带来了机遇。灵活的组织结构强调协同合作和信息共享，这有助于内部控制体系更好地整合和利用各部门的资源。通过强化沟通和协作，内部控制可以更有效地监控和管理横跨组织的风险。

文化变革可以强化内部控制的执行力度。当企业文化注重诚信、透明和负责任的价值观时，员工更倾向于主动遵守内部控制规定，从而提升整个控制体系的效能。文化变革有助于树立财务风险管理的重要性，促使员工将内部控制融入日常工作中，形成自觉遵循的良好风气。

未来企业内部控制的发展方向将更加注重数字化和技术化。随着信息技术的迅速发展，企业内部控制可以借助先进的数据分析、人工智能和区块链等技术手段，提高对潜在风险的预测和应对能力。数字化转型将推动内部控制实现更加实时、全面的监控，从而更有效地保障财务安全。

未来内部控制的发展还将更注重整合和协同。企业可能采用综合性的内部控制框架，整合风险管理、合规性和内部审计等方面的资源，形成全面覆盖的内部控制网络。协同各部门的努力，加强对风险的共同管理，有助于企业更好地应对复杂多变的商业环境。

灵活的组织架构与文化变革对企业内部控制带来了新的挑战，但也为内部控制的发展提供了新的机遇。企业需要在适应灵活性的同时保障内部控制的效能，注重数字化和技术化的发展，以实现财务风险管理的创新和提升。整合和协同将成为内部控制未来的重要发展趋势，推动企业更加有效地应对风险挑战。

结束语

　　企业内部控制的演变是一个复杂而深刻的历程，是受到环境、技术、法规等多方面因素影响的结果。在漫长的发展过程中，内部控制从最初的单一任务逐渐演进为更为综合、智能和适应性强的管理机制。这一演变不仅深刻地反映了企业管理理念的变革，更在数字时代取得了显著的成果。

　　内部控制主要关注于财务层面，旨在防范和检测财务欺诈。其主要任务包括账务核对、现金管理等方面，以确保企业财务的准确性和完整性。随着企业规模和业务复杂度的不断增加，传统的内部控制已逐渐显露出其局限性。这种单一任务的内部控制已经无法满足企业对于风险管理的更为全面和深度的需求。

　　随着全球经济的不断发展和国际化的推进，企业面临着更加复杂的经营环境。这使得内部控制在设计和执行上需要更多考虑到多元文化、跨国业务等因素。此时，内部控制的演变开始呈现出国际化的趋势。企业开始借鉴和融合国际先进的内部控制理念，加强对国际法规和标准的遵从，以更好地适应全球化的商业环境。

　　随着信息技术的迅猛发展，企业运营方式发生了根本性的变革，内部控制也面临了前所未有的挑战和机遇。数字化时代的内部控制不再仅仅关注传统的财务层面，而是要求更多地关注信息安全、数据隐私等新兴领域。这一变革使得内部控制需要具备更强的科技适应能力，注重信息系统的安全性和可靠性。

　　内部控制的演变还体现在其管理理念上的变革。传统的内部控制理念更强调监督和纠错，更注重"防患于未然"。而现代内部控制更强调主动性和预防性，强调"事前防范"而非"事后纠正"。这种理念的转变使得内部控制更加注重风险的全周期管理，致力于提前发现并应对潜在的风险，为企业创造更有利的经营环境。

　　在当前数字化时代，内部控制面临着更为复杂的挑战和更为广泛的发展空间。区块链、人工智能等新兴技术的引入使得内部控制具备了更强的智能化和自动化特征。智能审计工具、风险预测系统等应运而生，为企业提供了更为先进和精确的内部控制手段。

　　内部控制的发展方向将更加注重整体性、实时性和智能化。整体性体现在内部控制将更全面地覆盖企业的各个方面，不再局限于财务领域。实时性要求内部控制系统具备更快速的响应能力，能够在风险发生的瞬间做出反应。智能化将成为内部控制的一项重要特征，通过机器学习、数据挖掘等技术，内部控制系统能够更好地适应环境变化，自动识别风险并提出相应建议。

参 考 文 献

[1] 康雪梅. 财务风险管理视角下的企业合规管控体系构建 [J]. 商场现代化, 2024, (02): 150-152.
[2] 周思雨. 茶叶企业财务风险管理及防范措施探讨 [J]. 福建茶叶, 2024, 46 (01): 37-39.
[3] 郝晓雨. 国有企业财务资金管理风险防范措施探析 [J]. 中国集体经济, 2024, (01): 145-148.
[4] 于德波. 基于财务风险管理的国企内控体系构建策略研究 [J]. 财会学习, 2024, (01): 158-160.
[5] 武子钰. 财务风险管理及其在企业战略规划中的应用 [J]. 现代商业, 2023, (24): 79-82.
[6] 周悦. 基于风险管理的国有企业财务内部控制研究 [J]. 现代营销 (上旬刊), 2023, (11): 110-112.
[7] 焦绍光. "双碳" 背景下电力企业财务风险管理研究 [J]. 财讯, 2023, (21): 78-80.
[8] 左权. 企业财务内部控制精细化管理体系的建立与实施研究 [J]. 财经界, 2023, (30): 126-128.
[9] 熊莹. 企业财务内控风险管理研究 [J]. 质量与市场, 2023, (15): 70-72.
[10] 刘翠. 企业财务风险管理视角下的内部控制 [J]. 今日财富, 2023, (15): 116-118.
[11] 杨佳. 建筑企业财务管理视角下的风险与内部控制机制 [J]. 财富时代, 2023, (07): 44-46.
[12] 王静宜. 内部控制对企业财务风险管理的影响研究 [J]. 市场瞭望, 2023, (14): 81-83.
[13] 巩舒阳. 企业财务风险管理策略分析 [J]. 大众投资指南, 2023, (13): 104-106.
[14] 王紫臻. COSO-ERM (2017) 框架下的新华保险公司财务风险管理研究 [D]. 哈尔滨师范大学, 2023.
[15] 贺俊华. A外贸公司财务风险管理策略研究 [D]. 广西师范大学, 2023.
[16] 张彤彤. Y企业财务风险管理研究 [D]. 东北石油大学, 2023.
[17] 贾晓萌. D公司财务风险管理现状及对策研究 [D]. 陕西理工大学, 2023.
[18] 侯丹. JL公司内部控制在财务风险管理的应用研究 [D]. 北方工业大学, 2023.